Dr. Džerok Li

Bog Iscelitelj

[Bog] kaže:
„Ako dobro uzaslušaš glas GOSPODA Boga svog,
i učiniš što je pravo u očima Njegovim,
i ako prigneš uho k zapovestima Njegovim i sačuvaš
sve uredbe Njegove,
nijednu bolest koju sam pustio na Misir neću pustiti
na tebe; jer sam Ja GOSPOD, lekar tvoj."
(Izlazak 15:26)

Bog Iscelitelj autor Dr. Džerok Li (Dr. Jaerock Lee)
Objavile Urim knjige (Predstavnik: Johnny.H. Kim)
73, Yeouidaebang-ro 22-gil, Dongjak-gu, Seoul, Koreja
www.urimbooks.com

Sva prava su zadržana. Ova knjiga ili njeni pojedini delovi ne smeju biti reprodukovani u bilo kojoj formi, ili biti smešteni u bilo kom renta sistemu, ili biti transmitovana bilo kojim načinom, elektronski, mehanički, fotokopiranjem, snimanjem, ili slično, bez prethodnog pismenog ovlašćenja izdavača.

Ukoliko nije drukčije navedeno, svi Biblijski navodi uzeti su iz Svetog Pisma, NOVA AMERIČKA STANDARDNA BIBLIJA, ®, Autorska Prava © 1960, 1962, 1963, 1968, 1971, 1972, 1973, 1975, 1977, 1995 od strane The Lockman Foundation. Korišćeno uz dozvolu.

Autorska prava © 2014 od strane dr. Džerok Lija
ISBN: 979-11-263-1157-6 03230
Prevodilačka Autorska Prava © 2014, od strane dr. Ester K. Čung (Dr. Esther K. Chung). Korišćeno uz dozvolu.

Prethodno objavila na korejskom jeziku Urim knjige u 1992. g.

Prvo izdanje, aprila 2014

Uredio dr. Geumsun Vin
Dizajnirao urednički biro Urim Books
Za više informacija kontaktirajte: urimbook@hotmail.com

Poruka o objavljivanju

Kako materijalna civilizacija nastavlja u napredovanju i da raste, mi nailazimo danas da ljudi imaju više vremena što znači da štede. Šta više, u cilju da postignu mnogo zdraviji i mnogo ugodniji način života, ljudi ulažu vreme i bogatstvo i obraćaju blisku pažnju na različite korisne informacije.

Međutim, ljudski život, starenje, bolesti i smrt su pod vlašću Boga, one ne mogu da budu kontrolisane novcem ili znanjem. U nastavku, to je nepobitna činjenica da uprkos visoko softiciranom medicinskom naukom ljudskog znanja nagomilanog širom zemalja, broj pacijenata koji pate od neizlečivih i krajnjih bolesti je u stalnom porastu.

Kroz istoriju sveta, postojali su brojni ljudi sa različitim verama i znanjem-uključujući Budu i Konfučija-ali svi od njih su bili veoma tihi kada su se suočili sa ovim pitanjem i niko od njih nije mogao da izbegne starenje, bolest i smrt. Ovo pitanje je uz greh i pitanje ljudskog spašavanja, od kojih ni jedan nije rešiv od strane čoveka.

Danas, postoje mnogo bolnica i apoteka, koje su lako dostupne i spremne da načine da naše društvo bude oslobođeno od bolesti i zdravo. Uprkos tome, naša tela i svet je zaraženo mnogim bolestima, od zajedničkog gripa do neidentifikovanog porekla i napora kojima ne postoji lek. Ljudi lako okrivljuju klimu i okruženje i radije ga doživljavaju kao prirodni i fiziološki fenomen i oslanjaju se na medicinsku tehnologiju.

Da bi dobili osnovno isceljenje i vodili zdrav život, svako od nas mora da zna odakle je ta bolest nastala i kako možemo da primimo isceljenje. Za jevanđelje i za istinu postoje uvek dve strane: rezervisano za ljude koje ih ne prihvataju i proklinju kaznu, i za ljude koji ih prihvataju blagosiljajući život u čekanju. To je volja Božja za istinom da bude skrivena od onih koji su kao Fariseji i učitelji zakona, smatrali sebe mudrima i pametnima; to je takođe volja Božja za istinom da bude otkrivena onima koji su kao deca, žele to i otvaraju svoja srca (Jevanđelje po Luki 10:21).

Bog je planski obećao blagoslove za one koji se povinuju Njegovim zapovestima, dok je On takođe zapisao do detalja način i sve vrste bolesti koje će pogoditi one koji se ne povinuju Njegovim zapovestima (Ponovljeni Zakon 28:1-68).

Podsećanjem Reči Božje nevernicima i čak i nekim vernicima koji ga predviđuju, ovo delo ima za cilj da stavi takve pojedince da pravi put od oslobađanja bolesti i zaraza,

Ma koliko vi videli, čuli, razumeli i napravili hranu od Reči Božje i sa silom od spasenja Božjeg i isceljenja, da svako od vas dobije isceljenje od bolesti i zaraze velike i male, i da zdravlje uvek boravi u vama i vašoj porodici, u ime Gospoda ja se molim!

Džerok Li

Sadržaj

Poruka o objavljivanju

Poglavlje 1
Poreklo bolesti i zrak isceljenja　　　　1

Poglavlje 2
Da li želite da vam bude bolje?　　　　15

Poglavlje 3
Bog iscelitelj　　　　37

Poglavlje 4

Njegovom kaznom mi smo isceljeni 53

Poglavlje 5

Snaga da se isceli slabost 73

Poglavlje 6

Načini da se iscele demonom posedovani 89

Poglavlje 7

Vera leproznog Nemana i poslušnost 109

Poglavlje 1

Poreklo bolesti i zrak isceljenja

Malahije 4:2

A vama, koji se bojite imena mog, granuće Sunce pravde, i zdravlje će biti na zracima Njegovim, i izlazićete i skakaćete kao teoci od jasala.

Osnovni uzrok bolesti

Za ljude koji žele da vode srećan i zdrav život za vreme njihovog vremena na ovoj zemlji, oni konzumiraju svu vrstu hrane za koju znaju da je pomoć u njihovom zdravlju i oni vode računa i traže tajne metode. Uprkos savetima materijalne civilizacije i medicinske nauke, ipak, realnost je da boluju od neizlečivih i trajnih bolesti koje ne mogu da se spreče.

Može li čovek da se oslobodi od agonije bolesti za vreme njegovog vremena na ovoj zemlji?

Mnogi ljudi lako okrivljuju uslove i okruženje i doživljavaju bolest kao prirodni ili fiziološki fenomen i oslanjaju se na ljudi lako okrivljuju klimu i okruženje i radije ga doživljavaju kao prirodni i fiziološki fenomen i oslanjaju se lekove i medicinsku tehnologiju. Jednom kada se izvor svih vrsti bolesti i zaraze otkrije, međutim, svako može biti oslobođen od njih.

Biblija nam predstavlja osnovne načine sa kojima jedan može da živi život slobodan od bolesti, čak iako je jedan bolestan, načine na koje može biti isceljen.

[Bog] kaže: „Ako dobro uzaslušaš glas GOSPODA Boga svog, i učiniš što je pravo u očima Njegovim, i ako prigneš uho k zapovestima Njegovim i sačuvaš sve uredbe Njegove, nijednu bolest koju sam pustio na Misir neću pustiti na tebe; jer sam Ja GOSPOD, lekar tvoj" (Izlazak 15:26).

Ovo je verna Reč Božja, koja kontroliše ljudski život, smrt, kurs i blagoslove date nama kao osobama.

Šta, onda je bolest i zašto se neko njome zarazuje? U medicinskom izrazu, „bolest" se odnosi na sve vrste slabosti u različitim delovima nečijeg tela - neobično ili nenormalno stanje zdravlja - i ono je izazvano ili se širi u većini slučajeva putem bakterija. Drugim rečima, bolest je nenormalno stanje tela izazvano zarazom- uzrokujući otrov ili bakteriju.

U Izlazku 9:8-9 je opis procesa u kome je zarazna kuga trebala da stigne do Egipta:

Tada reče GOSPOD Mojsiju i Aronu: „Uzmite pepela iz peći pune pregršti, i Mojsije neka ga baci u nebo pred Faraonom. I postaće prah po svoj zemlji misirskoj, a od njega će postati kraste pune gnoja i na ljudima i na stoci po svoj zemlji misirskoj."

U Izlasku 11:4-7, mi čitamo o Božjem razlikovanju ljudi Izraela od ljudi Egipta. Za Izraelce koji su služili Bogu, nije ni trebala da postoji kuga, dok za Egipćane koji niti da su služili Bogu niti su živeli po Njegovoj volji, trebala je da bude padne kuga na novorođenčad.

Kroz Bibliju, mi učimo da čak i bolest je pod vlašću Boga, da On štiti one koji Njega poštuju zbog bolesti i da bolest će napasti one koji greše zato što će On okrenuti Njegovo lice od takvih pojedinaca.

Zašto, onda zašto zarazne bolesti i patnja zbog zaraze? Da li to znači da je Bog Stvoritelj stvorio zaraze u vremenu stvaranja kako bi čovek mogao da živi u strahu od zaraze? Bog Stvoritelj je stvorio čoveka i kontroliše sve u univerzumu sa dobrotom, pravednosti i ljubavi.

Nakon stvaranja najpogodnijeg mesta za življenje za čoveka (Postanak 1:3-25), Bog je stvorio čoveka po svom liku, blagoslovio ga i dozvolio mu je da najveću slobodu i vlast.

Kako je vreme prolazilo, ljudi su slobodno uživali u Bogom danim blagoslovima jer su se povinovali Njegovim zapovestima i živeli su u Edenskom vrtu u kojem nije bilo suza, tuge, patnje i bolesti. Kako je Bog video da ono što je On stvorio je bilo veoma dobro (Postanak 1:31), On je dao jednu zapovest: „Jedi slobodno sa svakog drveta u vrtu; Ali s drveta od znanja dobra i zla, s njega ne jedi; jer u koji dan okusiš s njega, umrećeš" (Postanak 2:16-17).

Ipak, kada je opaka zmija otrovnica videla da se ljudi ne pridržavaju Božjim zapovestima u svojim mislima već je zapostavljaju, zmija otrovnica je uhvatila Evu, ženu prvog stvorenog čoveka. Kada su Adam i Eva jeli voće da drveta spoznaje dobra i zla i zgrešili su (Postanak 3:1-6), kao što je Bog upozorio, smrt je ušla u čoveka (Poslanica Rimljanima 6:23).

Nakon što je počinio greh u neposlušnosti i kako je čovek primio platu za greh i suočio se sa smrću, duh u čoveku – njegov gospodar – takođe je umro i komunikacija između čoveka i Boga prestajala je da postoji. Oni su bili isterani iz iz Rajskog Vrta i morali su da žive u suzama, žalosti, patnji, zarazama i smrti. Kako je na zemlji sve bilo prokleto, ona je samo proizvodila trnje i korov i samo sa njihovim znojem mogli su da jedu svoju hranu (Postanak 3:16-24).

Dakle, osnovni uzrok bolesti je originalni greh izazvan Adamovom neposlušnosti. Da Adam nije poslušao Boga, on ne bi bio izbačen iz Edenskog vrta već bi vodio zdrav život za sva vremena. Drugim rečima, zbog jednog čoveka svaki čovek postaje grešnik i živi u opasnosti i patnji u svim vrstama zaraza. Najpre, bez rešavanja prvog problema greha, niko neće moći da bude proglašen pravednim pred Bogom posmatrajući zakon (Poslanica Rimljanima 3:20).

Sunce pravde sa isceljenjem na Njegovim zracima

Malahija 4:2 nam govori da: „A vama, koji se bojite imena mog, granuće Sunce pravde, i zdravlje će biti na zracima Njegovim, i izlazićete i skakaćete kao teoci od jasala." Ovde „Sunce pravde" se odnosi na Mesiju.

Na putu uništenja ljudskog čovečanstva u patnjama zbog zaraze, Bog se sažalio nad nama od svih naših grehova kroz Isusa Hrista, tako što je dozvolio da On bude razapet na krstu i da se Njegova krv prolije. Prema tome, svako ko je prihvatio Isusa Hrista, dobio oproštaj od grehova i dostigao spasenje, sada može da bude slobodan od bolesti i da živi zdravim životom. Sa kletvom nad svim stvarima, čovek treba da živi u opasnosti od bolesti sve dok može da diše ali sa ljubavi i milošću Božjom, put ka slobodi od bolesti je sada otvoren.

Kada se Božja deca opiru grehu do tačke prolivanja njihove krvi (Poslanica Jevrejima 12:4) i žive po Njegovoj Reči, On će ih zaštititi sa Njegovim očima koja su kao vatra koja gori i štitiće ih sa vatrenim zidom Svetog Duha tako da ni jedan otrov u vazduhu ne može prodreti do njihovih tela. Čak iako se neko razboli, kada se on pokaje i okrene od njegovih puteva, Bog će spaliti bolest i izlečiće delove koji su pogođeni. Ovo je isceljenje sa „suncem pravde."

Moderna medicina se danas razvila u terapiji sa ultra ljubičastim zracima, koja se danas uveliko koristi u lečenju različitih bolesti. Ultra ljubičasti zraci su daleko efikasniji u dezinfekciji i izazivaju hemijske promene u telu. Ova terapija može da uništi oko 99% bakterija u debelom crevu, difterija, bakterija dizenterije i takođe je efikasna za tuberkolozu, rahitis, anemiju, reumu i kožne bolesti. Tretman koji je od pomoći i moćan kao terapija ultra ljubičastim zracima, međutim ne može da se primenjuje u svim bolestima.

Samo „sunce pravde sa zracima isceljenja" zapisano u Svetom Pismu je moćni zrak koji može da izleči sve bolesti. Zraci iz sunca pravde mogu da se koriste u izlečenju svih vrsta bolesti i zbog toga mogu da se primenjuju na svim ljudima, način na koji Bog isceljuje je zaista jednostavan ali potpun i u suštini najbolji.

Ne dugo nakon otvaranja moje crkve, pacijent na ivici smrti i koji je patio od strahovitih bolova zbog paralize i raka je doveden kod mene na nosilima. On nije mogao da govori zato što je njegov jezik bio ukočen i nije mogao da pomera njegovo telo zato što je celo njegovo telo bilo paralizovano. Pošto su doktori već odustali, pacijentova žena, koja je verovala u moć Božju, naredila je svom mužu da sve prepusti Njemu. Kada su shvatili da je jedini način da on održi njegov život upornost i da ugađa Bogu, pacijent je pokušao da služi čak i kada je ležao i njegova žena je takođe iskreno ugađala sa verom i ljubavi. Kako sam video veru u njima oboma, ja sam se takođe revnosno molio za čoveka. Ubrzo nakon toga, čovek koji je ranije proganjao svoju ženu zato što je verovala u Isusa došao je do pokajanja razorenog srca i Bog je poslao zrak isceljenja, izgoreo je čovekovo telo sa vatrom Svetog Duha i pročistio njegovo telo. Aleluja! Kako je spržen glavni uzrok bolesti, čovek je uskoro počeo da hoda i da trči i opet je postao dobro. Neophodno je reći kako su članovi Manmin crkve davali slavu Bogu i radovali se nad ovim zapanjujućim doživljajem Božjeg isceljenja.

Za vas koji poštujete Moje ime

Naš Bog je Svemogući Bog koji je stvorio sve u univerzumu Njegovom Rečju i stvorio je čoveka od prašine. Pošto je ova vrsta Boga nama postao Otac, čak i kada se razbolimo, kada mi u potpunosti zavisimo od Njega, On će videti i prepoznaće našu veru i vrlo rado će nas isceliti. Ne postoji ništa loše u tome da budemo izlečeni u bolnici, ali Bog uživa u Njegovoj deci koja veruju u Njegovo sveznanje i svemoć, iskreno Njega dozivaju, dobijaju isceljenje i daju Njemu slavu.

U 2. Knjizi Kraljevima 20:1-11 je priča o Jezekiju, kralju Judeje koji se razboleo kada je Asirija napala njegovo kraljevstvo ali je dobio potpuno isceljenje posle tri dana kada se molio Bogu i njego život je bio produžen za petnaest godina.

Kroz proroka Isaija, Bog je rekao Jezekiju da: „Naredi za kuću svoju, jer ćeš umreti i nećeš ostati živ" (2. Knjiga Kraljevima 20:1; Isaija 38:1). Drugim rečima, Jezekilju je bio dat osećaj smrti u kome mu je rečeno da se pripremi za njegovu smrt i da obavi poslove za njegovo kraljevstvo i porodicu. Ipak, Jezekilj je odmah okrenuo svoje lice ka zidu i molio se GOSPODU (2. Knjiga Kraljevima 20:2). Kralj je shvatio da je bolest bila ishod zbog njegovog odnosa sa Bogom, ostavio je po strani sve i rešio da se moli.

Kako se Jezekilj molio Bogu revnosno i u suzama, On daje obećanja kralju: „Čuo sam molitvu tvoju, i video sam suze tvoje, evo dodaću ti veku petnaest godina. I izbaviću tebe i ovaj grad iz ruku cara asirskog, i braniću ovaj grad" (Isaija 38:5-6). Mi takođe možemo da vidimo koliko se iskreno i revnosno Jezekilj molio kada mu je Bog rekao: „Ja sam čuo tvoje molitve i video tvoje suze."

Bog koji je odgovorio Jezekiljevim zahtevima je potpuno izlečio kralja kako bi mogao da ode za tri dana u Božji Hram. Šta više, Bog je produžio Jezekiljev život za petnaest godina i za vreme sećanja Jezekiljevog života, On je grad Jerusalim čuvao bezbednim od opasnosti Asirijaca.

Jezekilj je bio vrlo dobro svestan činjenice da važnost nečijeg života i smrti spadaju pod Božjom vlašću a molitve prema Bogu su bile za njega najvažnija stvar. Bog je bio oduševljen Jezekiljevim pokornim srcem i verom, obećao je kralju isceljenje i kada je Jezekilj video znak njegovog izlečenja, On je čak načinio da se i senka vrati nazad deset koraka kada je prilazio stepeništu Azaha (2. Knjiga Kraljevima 20:11). Naš Bog je Bog isceljenja i mnogo brižan Otac koji daje onima koji traže.

Suprotno tome, mi nalazimo u 2. Knjizi Dnevnika 16:12-13 da: „I razbole se Asa trideset devete godine carovanja svog od nogu. I bolest njegova bi vrlo teška ali ni u bolesti svojoj ne traži GOSPODA nego lekare. I tako počinu Asa kod otaca svojih, i umre četrdeset prve godine carovanja svog." Kada je na početku došao na presto: „I tvoraše Asa što je pravo pred GOSPODOM kao David otac mu" (1. Kraljevima 15:11). On je najpre bio mudar vladar ali je uveliko izgubio svoju veru u Boga i počeo je da se više oslanja na čoveka i nije mogao da dobije Božju pomoć.

Kada je Vasa, kralj Izraela, zauzeo Judu, Asa se oslonio na Ven-Adada, kralja Sirije, a ne na Boga. Zbog ovoga Asa se zamerio vidovnjaku Ananije ali on se nije okrenuo od njegovih puteva već je umesto toga zarobio vidovnjaka i pritiskivao je svoj sopstveni narod (2. Knjiga Dnevnika 16:7-10).

Pre nego što se Asa oslonio na kralja Sirije, Bog se umešao sa vojskom Arama tako da on nije mogao da izvrši invaziju na Judu. Od vremena kada se Asa oslonio na kralja Sirije umesto na Boga, kralj Jude nije više mogao da dobija pomoć od Njega. Šta više, On nije mogao da bude srećan sa Asom koji je tražio pomoć od lekara radije nego od Boga. Zbog toga je Asa umro samo dve godine nakon što je zadobio povredu nogu. Čak iako je Asa svedočio o njegovoj veri u Boga, zato što nije pokazao nikakva dela u tome i pao je da opet doziva Boga, svemogući Bog nije mogao ništa da uradi za kralja.

Zrak isceljenja od Boga može da isceli svaku vrstu bolesti tako da paralizovani mogu da prohodaju, slepi mogu da vide, gluvi da čuju i mrtvi da se vrate u život. Prema tome, zato što Bog Iscelitelj ima bezgraničnu moć, ozbiljnost bolesti je nebitna. Od bolesti koja je najmanja kao što je prehlada do one koja je kritična kao rak, za Boga Iscelitelja to je sve isto. Važnija činjenica je vrsta srca sa kojom mi dolazimo pred Boga bilo da je to kao kod Asa ili Jezekilja.

Da vi prihvatite Isusa Hrista, da dobijete odgovor na problem greha, da se smatrate pravednim u veri, da udovoljite Bogu pokornog srca koje je praćeno delima sličnim kao kod Jezekilja, da dobijete isceljenje u bilo kojoj i svim bolestima i da uvek vodite zdrav život, u ime Gospoda ja se molim!

Poglavlje 2

Da li želite da vam bude bolje?

Jevanđelje po Jovanu 5:5-6

A onde beše jedan čovek koji trideset i osam godina beše bolestan. Kad vide Isus ovog gde leži, i razume da je već odavno bolestan, reče mu: ,,Hoćeš li da budeš zdrav?"

Da li želite da vam bude bolje?

Postoji mnogo različitih slučajeva ljudi koji ranije nisu poznavali Boga, tražili su i dolazili su pred Njim. Neki od njih su dolazili pred Njega kako su pratili svoju dobru savest dok su drugi dolazili da upoznaju Njega nakon što su evangelizovani. Neki drugi su opet dolazili da nađu Boga nakon što su iskusili sumnju u život kroz neuspehe u poslu ili porodične nesloge. Opet neki drugi dolaze pred Njim sa hitnim srcem zato što pate od strahovitog fizičkog bola ili straha od smrti.

Kao što je učinio invalid koji 36 godina patio od bolova kod bazena zvanog Vitezda, da bi u potpunosti predali svoju bolest Bogu i primili isceljenje tako i mi moramo u potpunosti da da poželimo ozdravljenje više od svega ostalog.

U Jerusalimu pored Ovčije kapije, postojao je bazen koji se na jevrejskom zvao „Vitezda." On je bio okružen sa pet stuba u kome su se slepi, hromi i paralizovani okupljali i ležali tamo zato što legenda kaže da bi s vremena na vreme anđeo Božji dolazio dole i zamutio bi vodu. Takođe je verovano da prvi koji uđe u bazen nakon svakog mešanja vode u bazenu, čije je ime značilo: „Kuća milosti," bivao bi izlečen od bilo koje vrste bolesti.

Nakon što je video invalida od trideset i osam godina da leži u bazenu i već znajući koliko je čovek patio, Isus ga je pitao: „Da li želiš da ti bude bolje?" Čovek je odgovorio: „Da, Gospode; ali nemam čoveka da me spusti u banju kad se zamuti voda; a dok ja dođem drugi siđe pre mene" (Jevanđelje po Jovanu 5:7). Kroz ovo, čovek priznaje Gospodu da čak iako iskreno želi isceljenje, on ne može sam da dođe do njega. Naš Gospod je video srce čoveka, i rekao mu je: „Ustani, uzmi odar svoj i hodi," i odmah je čovek bio izlečen; on je uzeo svoju prostirku i hodao je (Jevanđelje po Jovanu 5:8).

Vi morate da prihvatite Isusa Hrista

Kada je čovek koji je bio invalid trideset osam godina sreo Isusa Hrista, on je odmah dobio isceljenje. Kako je on počeo da veruje u Isusa Hrista, izvor iskrenog života, čoveku su bili oprošteni svi njegovi grehovi i on je izlečen od njegove bolesti.

Da li je neko od vas u bolovima zbog svoje bolesti? Ako vi patite od bolesti želite da dođete pred Bogom i primite isceljenje, vi najpre morate da prihvatite Isusa Hrista, da postanete dete Božje i da dobijete oproštaj kako bi mogli da pomerite bilo koju prepreku između vas i Boga. Vi morate onda da verujete da je

Bog sveznajući i svemogući, On može da izvede bilo koje čudo. Vi takođe morate da verujete da ste vi otkupljeni od svih vaših bolesti zbog Isusove kazne i da ako tražite u ime Isusa Hrista vi ćete dobiti isceljenje.

Kada mi tražimo ovu vrstu vere, Bog će čuti naše molitve vere i manifestvovaće dela isceljenja. Bez obzira koliko su stare ili koliko su kritične vaše bolesti, budite sigurni da predate sve vaše probleme bolesti Bogu, sećajući se da jednom možete opet postati potpuni u momentu kada vas Bog moći isceli.

Kada je paralizovan čovek koji postoji u Jevanđelju po Marku 2:3-12 prvo čuo da je Isus došao u Kapernaum, čovek je poželeo da ode pred Njega. Nakon što je čuo vesti da je Isus izlečio mnoge ljude od različitih bolesti, da je izbacivao zle duhove, lečio bolesne od lepre, paralizovan čovek je mislio da ako je verovao on takođe može da dobije isceljenje. Kada je paralizovan čovek shvatio da ne može da se približi Isusu zbog velike kolone koja se nakupila, on je uz pomoć svojih prijatelja prošao preko krova kuće u kojoj je Isus bio i podmetač na kome je on ležao je bio spušten ispred Isusa.

Možete li vi da zamislite koliko je paralizovanih ljudi želelo da dođe pred Isusa do mere da su učinili ovo? Kako je Isus reagovao kada je paralizovan čovek, koji nije mogao da ide od mesta do mesta i nije mogao da se kreće unaokolo zbog kolone, pokazao svoju veru i posvećenost uz pomoć prijatelja? Isus nije grdio paralizovanog čoveka zbog njegovog lošeg ponašanja već je umesto toga njemu rekao: „Sine, tvojim grehovima je oprošteno," i dozvolio mu je da ustane i da odmah hoda.

U Poslovicama 8:17 Bog nam govori: „Ja ljubim one koji mene ljube, i koji me dobro traže nalaze me." Ako vi želite da budete oslobođeni bola zbog bolesti, vi najpre morate iskreno da želite isceljenje, da verujete u moć Božju koja može da reši problem bolesti i da prihvatiti Isusa Hrista.

Vi morate da uništite zid greha

Bez obzira koliko vi verujete da možete da budete izlečeni uz moć Božju, On neće da čini ako tu postoji zid greha između vas i Boga.

Zbog toga u Isaiji 1:15-17, Bog nam govori: „Zato kad širite ruke svoje, zaklanjam oči svoje od vas; i kad množite molitve, ne slušam. Ruke su vaše pune krvi. Umijte se, očistite se, uklonite zloću dela svojih ispred očiju mojih, prestanite zlo činiti. Učite se dobro činiti, tražite pravdu, ispravljajte potlačenog, dajite pravicu sirotoj, branite udovicu," i onda u sledećem stihu 18, On obećava: „Tada dođite, pa ćemo se suditi. Ako gresi vaši budu kao skerlet, postaće beli kao sneg; ako budu crveni kao crvac, postaće kao vuna."

Mi takođe nailazimo na sledeće u Isaiji 59:1-3:

> Gle, nije okraćala ruka Gospodnja da ne može spasti, niti je otežalo uho Njegovo da ne može čuti. Nego bezakonja vaša rastaviše vas s Bogom vašim, i gresi vaši zakloniše lice Njegovo od vas, da ne čuje. Jer su ruke vaše oskvrnjene krvlju i prsti vaši bezakonjem; usne vaše govore laž i jezik vaš izriče opačinu.

Ljudi koji ne znaju Boga i koji nisu prihvatili Isusa Hrista i živeli su svoje živote po svom nahođenju ne shvataju da su oni grešnici. Kada ljudi prihvate Isusa Hrista kao svog Spasitelja i prime Svetog Duha kao dar, Sveti Duh će osuditi svet krivice u odnosu na greh i pravednost i osudu i oni će prepoznati i priznati da su grešnici (Jevanđelje po Jovanu 16:8-11).

Međutim, zato što su oni slučajevi u kojima ljudi ne znaju do detalja šta je zapravo greh, stoga nisu u stanju da odbace greh i zlo u njima i dobiju odgovore od Boga, oni moraju najpre da znaju šta je greh u Njegovim očima. Zbog toga što sve bolesti i zaraze dolaze od greha, samo onda kada pogledate unazad na sebe i uništite zid greha vi možete da osetite gotovo dela izlečenja.

Hajde da se udubimo u to šta nam Sveto Pismo govori da je greh i kako možemo da uništimo zid greha.

1. Vi morate da se pokajete što niste verovali u Boga i niste prihvatili Isusa Hrista.

Biblija nam govori da naša neverica u Boga i ne prihvatanje Isusa Hrista kao našeg Spasitelja predstavlja greh (Jevanđelje po Jovanu 16:9). Mnogi vernici kažu da su vodili dobar život ali ovi ljudi ne poznaju sebe ispravno zato što ne znaju Reč istine – svetlo Boga – i ne mogu da razlikuju dobro od pogrešnog.

Čak iako je neko ubeđen da je vodio dobar život, kada se njegov život ugleda protiv istine, što je Reč svemogućeg Boga koji je stvorio sve u univerzumu i kontroliše život, smrt, kletvu i blagoslove, naići ćemo na mnoge nepravedne i neistine. Zbog toga nam Biblija govori da: „Ni jednog nema pravednog" (Poslanica Rimljanima 3:10), i da: „Jer se delima zakona ni jedno telo neće opravdati pred Njim; jer kroz zakon dolazi poznanje greha" (Poslanica Rimljanima 3:20).

Kada vi prihvatite Isusa Hrista i postanete dete Boga nakon što ste se pokajali što niste verovali u Boga i niste prihvatili Isusa Hrista, svemogući Bog će postati vaš Otac i vi ćete ipak dobiti odgovore na bilo koju bolest da imate.

2. Vi morate da se pokajete zato što niste voleli svoju braću.

Biblija nam govori da: „Ljubazni, kad je ovako Bog pokazao ljubav k nama, i mi smo dužni ljubiti jedan drugog" (1. Jovanova Poslanica 4:11). Ona nas takođe podseća da mi čak treba da volimo i naše neprijatelje (Jevanđelje po Mateju 5:44). Ako smo mi mrzeli našu braću, mi se nismo povinovali Reči Božjoj i na taj način smo grešili.

Zato što je Isus pokazao Njegovu ljubav prema čovečanstvu koje je boravilo u grehu i zlobi time što je razapet, ispravno je samo za nas da volimo naše roditelje, decu, braću i sestre. Nije ispravno iz pogleda Božjeg da mrzimo i da ne možemo da oprostimo zbog beznačajnih a opet bolesnih osećanja ili međusobnog nerazumevanja.

U Jevanđelju Po Mateju 18:23-35, Isus nam daje sledeće upoređenje:

Zato je carstvo nebesko kao čovek car koji namisli da se proračuna sa svojim slugama. I kad se poče računati, dovedoše mu jednog dužnika od deset hiljada talanata. I budući da nemaše čim platiti, zapovedi gospodar njegov da ga prodadu, i ženu njegovu i decu, i sve što ima; i da mu se plati. No sluga taj pade i klanjaše mu se govoreći: „Gospodaru! Pričekaj me, i sve ću ti platiti." A gospodaru se sažali za tim slugom, pusti ga i dug oprosti mu. A kad iziđe sluga taj, nađe jednog od svojih drugara koji mu je dužan sto groša, i uhvativši ga davljaše ga govoreći: „Daj mi šta si dužan." Pade drugar njegov pred noge njegove i moljaše ga govoreći: „Pričekaj me, i sve ću ti platiti." A on ne hte, nego ga odvede i baci u tamnicu dok ne plati duga. Videvši pak drugari njegovi taj događaj žao im bi vrlo, i otišavši kazaše gospodaru svom sav događaj. Tada ga dozva gospodar njegov, i reče mu: „Zli slugo! Sav dug ovaj oprostih tebi, jer si me molio. Nije li trebalo da se i ti smiluješ na svog drugara, kao i ja na te što se smilovah?" I razgnevi se gospodar njegov, i predade ga mučiteljima dok ne plati sav dug svoj. Tako će i Otac moj nebeski učiniti vama, ako ne oprostite svaki bratu svom od srca svojih.

Čak iako smo dobili Očev oproštaj i milost, jesmo li nesposobni ili nevoljni da zagrlimo našu braću, ili umesto toga činimo da se razvija rivalstvo, pravimo neprijateljstvo i provociramo jedni druge?

Bog nam govori da: „Svaki koji mrzi na brata svog krvnik je ljudski; i znate da nijedan krvnik ljudski nema u sebi večni život" (1. Jovanova Poslanica 3:15), „Tako će i Otac moj nebeski učiniti vama, ako ne oprostite svaki bratu svom od srca svojih" (Jevanđelje po Mateju 18:35), i naređuje nam da se: „Ne uzdišite jedan na drugog, braćo, da ne budete osuđeni: gle, sudija stoji pred vratima" (Jakovljeva Poslanica 5:9).

Mi moramo da shvatimo da ako nismo voleli i umesto toga smo mrzeli našu braću, onda mi, takođe smo zgrešili i mi nećemo biti ispunjeni Svetim Duhom već ćemo postati pogođeni. Prema tome, čak iako vas vaša braća mrze i razočaraju, mi treba da težimo ka tome da ih ne mrzimo zauzvrat i umesto toga da čuvamo naša srca u istini, razumevanju i da im oprostimo. Naša srca moraju da budu sposobna da ponude molitve ljubavi za takvu braću i sestre. Kada mi razumemo, oprostimo i volimo jedni druge uz pomoć Svetog Duha, Bog će takođe da nam pokaže Njegovo saosećanje i milost i manifestvovaće dela izlečenja.

3. Vi morate da se pokajete ako ste se molili sa pohlepom.

Kada je Isus izlečio dečaka koga je posedovao demon, Njegovi učenici su ga pitali: „Zašto ga mi ne mogasmo izgnati?" (Jevanđelje po Marku 9:28) Isus je odgovorio: „Ovaj se rod ničim ne može isterati do molitvom i postom" (Jevanđelje po Marku 9:29).

Kako bi dobili isceljenje do određene mere, molitva i preklinjanje moraju takođe biti ponuđene. Ipak, molitvama u sopstvenom interesu neće biti odgovoreno zato što Bog ne uživa u njima. Bog nam je zapovedio: „Ako dakle jedete, ako li pijete, ako li šta drugo činite, sve na slavu Božju činite" (1. Korinćanima Poslanica 10:31). Prema tome, svrha naših studija i dostizanje slave ili moći mora sva da bude za slavu Boga. Mi nailazimo u Poslanici Jakovljevoj 4:2-3: „Želite i nemate; ubijate i zavidite, i ne možete da dobijete. Borite se i vojujete. I nemate, jer ne ištete. Ištete, i ne primate, jer zlo ištete, da u slastima svojim trošite."

Tražiti isceljenje kako bi mogli da održavate zdrav život je zbog slave Boga; vi ćete dobiti odgovor kada ga tražite. Ipak, ako vi ne dobijete isceljenje čak i kada ga tražite, to je zato što ste tražili nešto što nije prikladno u istini iako Bog želi da vam da još mnogo puta još više stvari.

Sa kojom vrstom molitve će Bog biti zadovoljan? Kao što je Isus u Jevanđelju po Mateju 6:33 rekao: „Nego ištite najpre carstvo Božje, i pravdu Njegovu, i ovo će vam se sve dodati" umesto da brinemo o hrani, odeći izgledu mi najpre moramo da ugodimo Bogu nudeći mu molitve za Njegovo kraljevstvo i pravednost i za evangelizaciju i posvećenost. Samo tada će Bog odgovoriti našim željama srca i daće potpuno isceljenje od vaših bolesti.

4. Vi morate da se pokajete ako ste se u sumnji molili.

Bog je zadovoljan molitvom koja pokazuje našu veru. Ovo smo pronašli u Poslanici Jevrejima 11:6: „A bez vere nije moguće ugoditi Bogu; jer onaj koji hoće da dođe k Bogu, valja da veruje da ima Bog i da plaća onima koji Ga traže." Na isti način Jakovljeva Poslanica 1:6-7 nas podseća: „Ali neka ište s verom, ne sumnjajući ništa; jer koji se sumnja on je kao morski valovi, koje vetrovi podižu i razmeću. Jer takav čovek neka ne misli da će primiti šta od Boga."

Molitve ponuđene u sumnji uzrokuju neverovanje nečije u svemogućeg Boga, sramoćenje Njegove moći i pretvaranje Njega u nemerodavnog Boga. Vi morate odmah da se pokajete, da se ugledate na pretke vere i da se molite revnosno i učestalo da bi posedovali veru sa kojom možete da verujete u srcu.

Mnogo puta u Bibliji, mi nailazimo da je Isus voleo one koji su imali veliku veru, da je odabrao njih kao Njegove sledbenike i da je izneo svoje službovanje kroz i sa njima. Kada su ljudi bili nesposobni da pokažu svoju veru, Isus ih je prekoravao čak i Njegove učenike zbog svoje male vere (Jevanđelje po mateju 8:23-27), ali je pohvalio i voleo one sa velikom verom, čak iako su bili nejevreji (Jevanđelje po Mateju 8:10).

Kako se vi molite i koju vrstu vere vi imate?

Kapetan u Jevanđelju po Mateju 8:5-13 došao je do Isusa i tražio je od Njega da izleči jednog od njegovih slugu koji je ležao kod kuće paralizovan i u velikim patnjama. Kada je Isus rekao kapetanu: „Ja ću doći i isceliću ga," (stihu 7) a kapetan je odgovorio: „Gospode! Nisam dostojan da pod krov moj uđeš; nego samo reci reč, i ozdraviće sluga moj," (stihu 8) i pokazao je Isusu njegovu veliku veru. Nakon što je čuo kapetanovu primedbu, Isus je bio ushićen i njega je pohvalio. „Ni u Izrailju tolike vere ne nađoh" (stihu 10). Kapetanov sluga je bio isceljen u baš tom času.

U Jevanđelju po Marku 5:21-43 je zapisan momenat neverovatnog dela isceljenja. Kada je Isus bio pored mora, jedan od vođa sinagoge imenovan Jair došao je do Njega i pao je pod Njegovim nogama. Jair je preklinjao Isusa. „Kći je moja na samrti; da dođeš i da metneš na nju ruke da ozdravi i živi" (stihu 23).

Kako je Isus išao sa Jairom, žena koja je krvarila dvanaest godina došla je pred Njim. Ona je mnogo patila i pod brigom mnogih lekara i potrošila je sve što je imala, ipak umesto da joj bude bolje njoj je bilo gore.

Žena je čula da je Isus u blizini i u sredini kolone koja je pratila Isusa, ona je izašla ispred Njega i dotaknula Njegov plašt. Zbog toga je žena poverovala: „Ako se samo dotaknem haljina Njegovih ozdraviću," (stihu 27) kada je žena položila njene ruke na Isusov plašt, odmah je tok njene krvi presušio; i ona je osetila u njenom telu da je bila u momentu isceljena. U tom momentu Isus, zapazivši na Sebi da se sila širi iz Njega i ide dalje, okrenuo se u koloni rekao je: „Ko je dodirnuo moje ruho?" (stihu 30)

Kada je žena priznala istinu, Isus je rekao ženi: „Kćeri! Vera tvoja pomože ti; idi s mirom, i budi zdrava od bolesti svoje" (stihu 34). On je dao ženi blagoslov kao i blagoslov isceljenja.

U to vreme, ljudi iz kuće Jarija su došli i rekli: „Tvoja kćer je mrtva" (stihu 35). Isus je uveravao Jarija i rekao mu: „Ne moj se plašiti, samo veruj," (stihu 36) i nastavio je ka Jarijevoj kući. Tamo, Isus je rekao ljudima: „Dete nije mrtvo, već samo spava," (stihu 39) i rekao je devojčici: „Talitha koum!" (što znači: „Mala devojčice, Ja ti govorim, ustani!") (stihu 41). Devojčica je odmah ustala i počela da hoda.

Verujte u ono što tražite, čak i ozbiljne bolesti mogu biti isceljene i mrtvi mogu da ožive. Ako ste se vi molili u sumnji do ove mere, primite isceljenje i budite jaki u pokajanju od tog greha.

5. Vi morate da se pokajete zato što se niste povinovali u Božijim zapovestima.

U Jevanđelju po Jovanu 14:21 Isus nam govori: „Ko ima zapovesti moje i drži ih, on je onaj što ima ljubav k meni; a koji ima ljubav k meni imaće k njemu ljubav Otac moj; i ja ću imati ljubav k njemu, i javiću mu se sam." U 1. Poslanici Jovanovoj 3:21-22 smo takođe podsećani: „Ljubazni, ako nam srce naše ne zazire, slobodu imamo pred Bogom; i šta god zaištemo, primićemo od Njega, jer zapovesti Njegove držimo i činimo šta je Njemu ugodno." Grešnik ne može biti siguran pred Bogom. Ipak, ako su naša srca čestita i bez mana i merena protiv Reči istine, mi smelo možemo da tražimo nešto od Boga.

Prema tome, kao vernik u Bogu, vi morate da naučite i da shvatite Deset Božjih Zapovesti, koje služe kao pregled šezdeset i šest knjiga Biblije i da otkrijete koliko je od vašeg života bilo u povinovanju prema njima.

I. Jesam li ja ikada imao drugih bogova osim Boga?

II. Jesam li ikada pravio idole od moje imovine, dece, zdravlja, posla i slično tome i služio im?

III. Jesam li ikada uzimao uzaludno ime Božje?

IV. Jesam li uvek održavao Sabat svetim?

V. Jesam li uvek poštovao moje roditelje?

VI. Jesam li ikada počinio fizičko ubistvo ili duhovno ubistvo mrzeći moju braću i sestre ili im uzrokovati da zgreše?

VII. Jesam li ikad počinio preljubu, čak i i mom srcu?

VIII. Jesam li ikada ukrao?

IX. Jesam li ikada gajio lažno svedočenje protiv mojih komšija?

X. Jesam li ikada žudeo za imovinom moga komšije?

U nastavku, vi takođe morate da pogledate unazad i da vidite dali ste održavali Božju zapovest voleći svoje komšije kao što volite sebe. Kada se povinujete Božjim zapovestima i Njega pitate, Božja moć će isceliti svaku bolest i zarazu.

6. Vi morate da se pokajete zato što niste voleli svoju braću.

Kako Bog kontroliše sve u univerzumu, On je ustanovio deo zakona za duhovno kraljevstvo i kao pravedan sudija On vodi i upravlja u skladu sa time nad svim stvarima.

U Danilu, kralj Darije je stavljen u tešku poziciju u kojoj je on mogao da spasi njegovog voljenog slugu Danila od lavljeg kaveza, čak iako je bio kralj. Pošto je stavio dekret u svom pisanju, Darije nije mogao da ne poštuje zakon koji je sam učvrstio. Da je kralj bio prvi koji će prekršiti pravilo i ne pokoriti se zakonu, ko bi ga slušao i služio mu? Zbog toga, iako je njegov voljeni sluga Danilo trebao da bude bačen u lavlju jazbinu po planu drugih ljudi, nije postojalo ništa što bi Darije mogao da uradi.

Na isti način, kako se Bog ne savija pred zakonom i ne sluša zakon koji je On sam postavio, sve u univerzumu je vođeno preciznim redom pod Njegovom vlašću. Zbog toga: „Ne varajte se: Bog se ne da ružiti; jer šta čovek poseje ono će i požnjeti" (Poslanica Galaćanima 6:7).

Koliko god da ste posejali u molitvama, vi ćete dobiti odgovore i duhovni rast i vaša unutrašnjost će biti ojačana i vaša duhovnost obnovljena. Ako ste bili bolesni ili ste imali slabost ali sada ste posadili vaše vreme u ljubavi prema Bogu revnosnim učestvovanjem u svim službama bogosluženja, vi ćete nepogrešno dobiti blagoslove zdravlja i ćete osetiti da se vaše telo menja. Ako ste posadili bogatstvo u Bogu, On će vas zaštiti i braniti od iskušenja i takođe će vam dati blagoslove većeg bogatstva.

Razumevanjem koliko je važno sejati u Bogu, kada odbacite sve nade za ovaj svet koje će da propadnu i izumru i umesto toga počnete da skladištite nagrade na nebesima u iskrenoj veri, svemogući Bog će vas povesti do zdravog života svakog momenta.

Sa Rečju Božjom, mi smo do sada razaznali šta je postao zid između Boga i čoveka i i zašto smo živeli u mučnim bolestima. Ako niste do sada verovali u Boga i patili ste zbog bolesti, prihvatite Isusa kao vašeg Spasitelja i počnite da živite u Hristu. Ne plašite se onih koji mogu da ubiju meso. Umesto toga, plašeći se Onoga ko može da osudi meso i duh na pakao, sačuvajte vašu veru u Bogu spasenja od osuda vaših roditelja, rođaka, supružnika, tazbine i ostalih. Kada Bog prepozna vašu veru, On će činiti i vi ćete moći da dobijete milost u isceljenju.

Ako ste vi vernik ali patite zbog bolesti, pogledajte unazad na sebe da vidite da li postoje ostaci zla, kao što su mržnja, ljutnja, nepravednost, pokvarenost, pohlepa, zlobni razlozi, ubistvo, svađa, ogovaranje, ponos i slično tome. Molitvama Bogu i dobijanjem njegove milosti u Njegovom saosećanju i milosti, dobićete takođe i odgovore na probleme u vašim bolestima.

Mnogi ljudi pokušavaju da pregovaraju sa Bogom. Oni govore

da ako Bog najpre isceli njihove bolesti i zaraze, da će verovati u Isusa Hrista i takođe će Njega pratiti. Ipak, pošto Bog poznaje centar srca svakog pojedinca, samo nakon duhovnog pročišćenja ljudi On će isceliti svakog od njih od njihovih fizičkih bolesti.

Razumejući da se razmišljanja čoveka i razmišljanja Boga razlikuju, da se vi prvi povinujete volji Božjoj kako bi vaš duh mogao da nastavi da ide kako vi dobijate blagoslove isceljenja od vaših bolesti, u ime Gospoda ja se molim!

Poglavlje 3

Bog iscelitelj

Izlazak 15:26

Ako dobro uzaslušaš glas GOSPODA Boga svog, i učiniš što je pravo u očima Njegovim, i ako prigneš uho k zapovestima Njegovim i sačuvaš sve uredbe Njegove, nijednu bolest koju sam pustio na Misir neću pustiti na tebe; jer sam Ja GOSPOD, lekar tvoj.

Zašto se čovek razboljeva?

Čak iako Bog iscelitelj želi da sva Njegova deca žive zdravim životom, mnogi od njih pate od bolnih bolesti, u nemogućnosti da reše problem bolesti. Baš kao što postoji uzrok za svaki razlog, postoji i razlog takođe i za svaku bolest. Zato što svaka bolest može biti brzo izlečena, svi oni koji žele da dobiju isceljenje prvo moraju da izleče uzrok njihove bolesti. Sa Reči Božjom iz Izlazka 15:26, mi ćemo ući u uzrok bolesti i na načine sa kojima mi možemo da se oslobodimo i da živimo zdravim životom.

„GOSPOD" je ime određeno za Boga, i ono važi za da: „JA SAM ONAJ ŠTO JESTE" (Izlazak 3:14). Ime takođe podlaže time da su sva druga bića predmet vlasti najcenjenijeg Boga. Iz načina na koji se Bog odnosi prema Sebi kao „GOSPOD, tvoj lekar" (Izlazak 15:26), mi učimo o ljubavi Božjoj koja nas oslobađa od agoniju bolesti i o moći Božjoj koja isceljuje bolesti.

U Izlazku 15:26 Bog nam obećava: „Ako dobro uzaslušaš glas Gospoda Boga svog, i učiniš što je pravo u očima Njegovim, i ako prigneš uho k zapovestima Njegovim i sačuvaš sve uredbe Njegove, nijednu bolest koju sam pustio na Misir neću pustiti na tebe; jer sam Ja Gospod, lekar tvoj." Prema tome, ako mi postanemo bolesni, to služi kao primer da vi niste pažljivo slušali Njegov glas, da niste učinili ono što je ispravno iz Njegovog pogleda i da niste obratili pažnju na Njegove Zapovesti.

Zato što su Božja deca građani neba, oni moraju da se povinuju zakonu neba. Međutim, ako se nebeski građani ne povinuju njegovim zakonima, Bog ne može da ih zaštiti zato što je greh bezakonje (1. Jovanova Poslanica 3:4). Onda, nastupiće snaga bolesti ostavivši neposlušnu decu Božju u mučnim bolestima.

Hajde da detaljnije razmotrimo načine na koje možemo da se razbolimo, uzrok bolesti i kako moć Boga iscelitelja može da izleči one koji pate od bolesti.

Momenat u kome je jedan bolestan kao ishod njegovog greha

Kroz Bibliju, Bog nam govori mnogo puta i opet da uzrok bolesti jeste greh. U Jevanđelje po Jovanu 5:14: „Nakon što je Isus izlečio jednog čoveka koji je bio invalid trideset osam godina, On mu je rekao: 'Eto si zdrav, više ne greši, da ti ne bude gore.'" Ovaj stih nas podseća da ako je čovek spreman da zgreši, on može pasti u još veće bolesti od onih koje je imao ranije i da takođe sa grehom ljudi se razboljevaju.

U Ponovljenom Zakoniku 7:12-15 Bog nam obećava: „I ako ove zakone uzaslušate i uzdržite i ustvorite i GOSPOD će Bog držati tebi zavet i milost, za koju se zakleo ocima tvojim. I milovaće te i blagosloviće te i umnožiće te; blagosloviće plod utrobe tvoje i plod zemlje tvoje, žito tvoje i vino tvoje i ulje tvoje, plod goveda tvojih i stada ovaca tvojih u zemlji za koju se zakleo ocima tvojim da će ti je dati. Bićeš blagosloven mimo sve narode: neće biti u tebi ni muškog ni ženskog neplodnog, ni među stokom tvojom. I ukloniće od tebe GOSPOD svaku bolest, od ljutih zala misirskih koja znaš neće nijedno pustiti na tebe, nego će pustiti na one koji mrze na te." U onima koji mrze je zlo i greh i bolest će biti dovedena nad takvim pojedincima.

U Ponovljenom Zakonu 28, obično poznatom kao „Poglavlje blagoslova," Bog nam govori da ćemo sve vrste blagoslova dobiti ako se u potpunosti povinujemo našem Bogu i pažljivo pratimo Njegove zapovesti. On nam takođe govori o vrsti kletve koja će pasti na nas i preuzeti nas ako mi pažljivo ne pratimo Njegove zapovesti i naredbe.

Naročito su spomenuti do detalja vrste bolesti sa kojima ćemo se izložiti ako se ne pokorimo Bogu. To su kuga; suva bolest; temperatura; groznica; žega i mač; suša i medilјka; „ključali Egipat...tumori; gnojne rane i svrab od kojih nećeš biti izlečen;" slepost; konfuzne misli iz kojih te niko neće spasti; nevolje u kolenima i nogama sa bolnom vrelinom koja ne može biti izlečena, koja se širi od tabana pa sve do vrha glave (Ponovljeni Zakon 28:21-35).

Ali da bi jasno razumeli da je uzrok bolesti greh, ako ste se vi razboleli vi najpre morate da se pokajete jer niste živeli po Reči Božjoj i da dobijete oproštaj. Jednom kada primite isceljenje i živeli u skladu sa Reči Božjom, vi nikada više ne smete zgrešiti.

Momenat u kome jedan postaje bolestan iako on misli da nije zgrešio

Neki ljudi kažu da čak iako misle da nisu zgrešili, da su se ipak razboleli. Ipak, Reč Božja nam govori da ako radimo ono što je ispravno iz pogleda Božjeg, ako obratimo pažnju na Njegove zapovesti i održavamo sve Njegove naredbe, onda Bog nas neće pogoditi ni sa jednom bolesti. Ako se mi razbolimo, mi moramo da prepoznamo da zajedno sa tim nismo uradili nešto što je bilo iz Njegovog pogleda i da nismo održali Njegove naredbe.

Šta je onda greh koji uzrokuje bolest?

Ako je neko koristio svoje telo koje mu je Bog dao bez samokontrole ili nemoralnosti, i nije se povinovao Njegovim zapovestima, činio je greške ili je vodio neorganizovani život, on sebe stavlja u veliki rizik da će postati bolestan. U ovu vrstu kategorija bolesti takođe spada i stomačni poremećaj od preobilne i neredovne ishrane, bolest jetre i učestalog pijenja i pušenja i mnoge druge vrste bolesti zbog opterećenja nečijeg tela.

Ovo možda neće biti greh sa tačke gledišta čoveka, ali iz pogleda Božjeg to je greh. Neograničenost u ishrani je greh zato što pojedinac pokazuje pohlepu u nemogućnosti da izrazi samokontrolu. Ako se neko razboli zbog neograničene ishrane njegov greh je što nije vodio osnovni rutinski život ili nije poštovao vreme za obrok i svoje telo je zloupotrebio bez samokontrole. Ako se neko razboleo zato što je konzumirao hranu koja nije dovoljno bila spremna, njegov greh je nestrpljivost-jer nije radio u skladu sa istinom.

Ako je neko koristio nož bez opreznosti i posekao se i ako se zagnojila njegova rana, to je takođe rezultat njegovog greha. Da je iskreno voleo Boga, On bi štitio osobu sve vreme od nesreća. Čak iako je načinio grešku, Bog bi našao put bez kraja zato što On radi za dobre ljude koji Njega vole a telo ne bi bilo uplašeno. Rane i povrede bi se dogodile zato što je on radio na brzinu a ne na prikladan način, što su obe nepravedne iz pogleda Božjeg i ipak činio svoja dela u grehu.

Isto pravilo se primenjuje u pijenju i pušenju. Ako je jedan svestan da pušenje muti njegove misli, oštećuje bronhije i uzrokuje rak a ipak ne može da odustane i ako je jedan svestan da toksin u alkoholu oštećuje njegova creva i unutrašnje organe i opet ne može da odustane, to su grešna dela. To pokazuje njegovu nesposobnost da kontroliše samog sebe i njegovu pohlepu, njegov manjak ljubavi prema njegovom telu i da nije pratio volju Boga. Kako ovo ne može biti grešno?

Čak iako mi nismo bili sigurni da su sve ove bolesti uzroci grehova, mi sada možemo biti sigurni u to nakon što smo razmotrili mnogo raznih slučajeva i uporedili ih sa Reči Božjom. Mi uvek moramo da se povinujemo i živimo po Njegovoj Reči kako bi bili oslobođeni od bolesti. Drugim rečima, kada uradimo nešto što je ispravno iz Njegovog pogleda, obratimo pažnju na Njegove zapovesti i održavamo Njegove naredbe, On će nas zaštititi i štitiće nas od bolesti sve vreme.

Bolesti uzrokovane živčanim slomom ili mentalnim poremećajem

Statistike nam govore da broj ljudi obolelih od živčanog sloma i mentalnog poremećaja se povećava. Ako su ljudi strpljivi kako nas Reč Božja vodi i ako oni praštaju i razumeju u skladu sa istinom, oni bi lako mogli da budu oslobođeni od takvih bolesti. Ipak, postoji još zloba u njihovim srcima i zlo im zabranjuje da žive po Reči. Duševni bol pogađa ostale delove tela i imuni sistem i na kraju dovodi do bolesti. Kada mi živimo po Reči, naša osećanja neće biti uzrujana, mi nećemo postati tvrdoglavi i naše misli neće biti pogođene.

Postoje oni u našoj okolini koji ne izgledaju zlobno već dobro, a opet pate od ove vrste bolesti. Zato što se oni uzdržavaju od čak i običnog izražavanja emocija, oni pate od mnogo više bolesti nego oni koji izražavaju svoju ljutnju i gnev. Dobrota u istini nije agonija zbog sukoba u suprotstavljanju emocija; to je umesto toga razumevanje jedni drugih u praštanju i ljubavi i imanje ugodnosti u samokontroli i istrajanju.

Povrh toga kada ljudi svesno počine grehove, oni dolaze do toga da pate od mentalne bolesti zbog mentalnog bola i uništenja. Zato što oni nisi činili dobrotu već su pali u dublje zlo, njihova mentalna patnja stvara bolest. Mi znamo da živčani slom i drugi mentalni poremećaj su nastale bolesti od samog sebe, jer su uzrokovani našim glupavim i zlim načinima. Čak i u takvim slučajevima, Bog ljubavi će isceliti one koji žude za Njim i koji žele da dobiju Njegovo isceljenje. Šta više, On će takođe dati njima više nade za nebo i dozvoliće im da borave u iskrenoj radosti i u udobnosti.

Bolesti od neprijatelja đavola su takođe zbog greha

Neki ljudi su opsednuti Sotonom i pate od svih bolesti koje je neprijatelj đavo bacio na njih. Ovo je zato što su oni zaboravili volju Boga i udaljili su se od istine. Razlog zbog kojeg je veliki broj ljudi bolesno, psihički nesposobno i opsednuto demonima u porodicama koje su mnogo služile idolima je taj što se Bog gnuša od služenja idolima.

U Izlazku 20:5-6 mi nalazimo: „Nemoj im se klanjati niti im služiti, jer sam Ja GOSPOD Bog tvoj, Bog revnitelj, koji na sinovima pohodim bezakonja otaca njihovih do trećeg i do četvrtog kolena, onih koji mrze na Me, a činim milost na hiljadama onih koji Me ljube i čuvaju zapovesti Moje." On nam je dao posebnu zapovest, oprostivši nama što smo služili idolima. Od Deset Božjih Zapovesti koje nam je On dao, dve prve Zapovesti-„Nemoj imati drugih bogova uza Me" (stih 3), i „Ne gradi sebi lik rezani niti kakvu sliku od onog što je gore na nebu, ili dole na zemlji, ili u vodi, ispod zemlje" (stih 4) – mi možemo lako da vidimo koliko se Bog gnuša služenju idolima.

Ako roditelji ne poslušaju volju Boga i služe idolima, njihova deca će sasvim, prirodno da prate njihov put. Ako se roditelji ne povinuju Reči Božjoj i čine zlo, njihova deca će sasvom prirodno da prate njihov put i čine zlo. Kada greh u ne pokoravanju dostigne treću ili četvrtu generaciju, to je težak greh, njihova pokolenja će patiti od bolesti neprijatelja đavola koji će ih napasti.

Čak iako roditelji služe idolima a njihova deca, iz dobrote svojih srca, služe Bogu, On će pokazati Njegovu ljubav i milost i blagosloviće ih. Čak i ljudi koji su ranije patili od bolesti sa kojima ih je pogodio neprijatelj đavo i ako su zaboravili volju Boga i otišli po strani od istine, kada se oni pokaju i okrenu se od njihovih grešnih puteva, Bog Iscelitelj će ih očistiti. Neke će On isceliti odmah; neki će biti isceljeni malo kasnije; a opet druge će On isceliti u skladu sa rastom njihove vere. Delo isceljenja će se dogoditi u skladu sa voljom Boga ako ljudi imaju nepromenljivo srce u Njegovim očima, oni će biti isceljeni odmah; međutim, ako je njihovo srce lukavo, oni će biti isceljeni u kasnijem vremenu.

Mi ćemo se osloboditi od bolesti kada živimo u veri

Mojsije je bio mnogo pokorniji od bilo koga na licu ove zemlje (Brojevi 12:3) i bio je odan celoj Božjoj kući, bio je smatran kao najodaniji sluga Božji (Brojevi 12:7). Biblija nam takođe govori da kada je Mojsije umro imao je stotinu i dvadeset godina, njegove oči nisu bile slabe i njegova snaga nije nestala (Ponovljeni Zakonik 34:7). Avrama je bio potpun čovek koji se povinovao u veri i poštovao je Boga, on je živeo do godine 175. (Postanak 25:7). Danilo je bio zdrav čak iako sve što je jeo je bilo povrće (Danilo 1:12-16), dok je Jovan Krstitelj bio snažan iako je jeo samo skakavce i divlji med (Jevanđelje po Mateju 3:4).

Neki će se možda pitati kako su ljudi bivali zdravi kada nisu jeli meso. Ipak, kada je Bog prvo stvorio čoveka, On mu je rekao da jede voće. U Postanku 2:16-17 Bog govori čoveku: „Jedi slobodno sa svakog drveta u vrtu; ali s drveta od znanja dobra i zla, s njega ne jedi; jer u koji dan okusiš s njega, umrećeš." Nakon Adamove neposlušnosti, Bog mu je dao samo da jede plodove iz zemlje (Postanak 3:18), a kako se greh razvijao na ovom svetu, nakon osude Potopom, Bog je rekao Noji u Postanku 9:3: „Šta se god miče i živi, neka vam bude za jelo, sve vam to dadoh kao zelenu travu." Kako je čovek sve više postajao zlobniji, Bog im je dozvolio da jedu meso ali samo ne „neukusno" (Levitski Zakonik 11; Ponovljeni Zakonik 14).

U vremenu Novog Zaveta, Bog nam govori u Delima Apostolskim 15:29: „Da se čuvate od priloga idolskih i od krvi i od udavljenog i od kurvarstva, i šta nećete da se čini vama ne činite drugima; od čega ako se čuvate, dobro ćete činiti. Budite zdravi." On nam je dozvolio da jedemo hranu koja je korisna za naše zdravlje i rekao nam je da se suzdržimo od hrane koja je opasna za nas; bilo bi mnogo korisnije za nas da ne jedemo i da ne pijemo hranu kojom Bog nije zadovoljan. Sve dok pratimo volju Boga i živimo u veri, naša tela će postati jača, bolesti će nas napustiti i ni jedan bolest neće nas napasti.

Šta više, mi nećemo postati bolesni ako živimo u pravednosti sa verom zato što pre dve hiljade godina, Isus Hrist koji je došao na zemlju i preuzeo je sve naše nevolje. Kako mi verujemo da će prolivanjem Njegove krvi Isus nas otkupiti od naših grehova i sa Njegovom kaznom i uzimanjem naših slabosti (Jevanđelje po mateju 8:17) mi smo isceljeni, to će biti učinjeno u skladu sa našom verom (Isaija 53:5-6; 1. Petrova Poslanica 2:24).

Pre nego što smo sreli Boga, mi nismo imali veru. Mi smo živeli u iščezlim željama naše grešne prirode i patili od raznih bolesti kao ishod naših grehova. Kada mi živimo u istini i uradimo sve u pravednosti, mi ćemo biti blagosloveni sa fizičkim zdravljem.

Kako su misli zdrave i telo će biti zdravo. Kako mi boravimo u pravednosti i činimo u skladu sa Rečju Božjom, naša tela će biti ispunjena Svetim Duhom. Bolesti će nas napustiti i naša tela će da dobiju fizičko zdravlje, ni jedan bolest nas neće pogoditi. Da naša tela budu u miru, osete svetlost, radost i zdravlje, mi nećemo da budemo u potražnji već samo zahvalni što nam je Bog dao zdravlje.

Da vi činite u pravednosti i u veri kako i vaš duh nastavlja da napreduje, vi ćete biti isceljeni od svih bolesti i zaraza i dobićete zdravlje! Da vi takođe dobijete i Božju bezgraničnu ljubav i da se povinujete i živite po Njegovoj Reči- za sve ovo u ime Gospoda ja se molim!

Poglavlje 4

Njegovom kaznom mi smo isceljeni

Isaija 53:4-5

A On bolesti naše nosi i nemoći naše uze na se, a mi mišljasmo da je ranjen, da Ga Bog bije i muči. Ali On bi ranjen za naše prestupe, izbijen za naša bezakonja; kar beše na Njemu našeg mira radi, i ranom Njegovom mi se iscelismo.

Isus kao Sin Božji isceljuje sve bolesti

Kako ljudi sami upravljaju svojim životnim kursom, oni se susreću sa različitim problemima. Baš kao što i more nije uvek mirno, u moru života postoje mnogi problemi koji potiču od kuće, posla, biznisa, bolesti, zdravlja i slično tome. Ne bi bilo premnogo da kažemo da između tih problema u životu, najvažnija je bolest.

Bez obzira na iznos bogatstva i znanja koju pojedinac možda poseduje, ako je on pogođen sa ozbiljnom bolešću sve što je radio kroz njegov život biće ništa, već mehur. Sa jedne strane, mi nailazimo da kako materijalna civilizacija napreduje i zdravlje raste, čovekova želja za zdravljem takođe raste. Sa druge strane, bez obzira koliko su se nauka i medicina razvila, novo i retko stanje bolesti- protiv koje je ljudsko znanje beznačajno- počinje učestalo da se otkriva i broj ljudi koji pate neprestano raste. Možda je i to razlog zašto je veliki naglasak stavljen danas na zdravlje.

Patnja, bolest i smrt – sve potiču od greha- čine granicu čoveka. Kao što je On uradio za vreme Starog Zaveta, Bog Iscelitelj nam predstavlja danas način u kojem ljudi koji veruju u

Njega mogu biti isceljeni od svih bolesti, svojom verom u Isusa Hrista. Dozvolite nam da istražimo Bibliju i da vidimo zašto smo dobili odgovore na probleme bolesti i vodili zdrave živote sa našom verom u Isusa Hrista.

Kada je Isus pitao Svoje učenike: „A vi šta mislite ko sam ja?" Simeon Petar je odgovorio: „Ti si Hristos, Sin Boga Živoga" (Jevanđelje po Mateju 16:15-16). Ovaj odgovor se čini korektno jednostavan, ali takođe planski otkriva da samo Isus i jeste Hrist.

Za vreme Njegovog vremena, velika kolona je pratila Isusa zato što je On odmah isceljivao ljude koji su bili bolesni. Tu su bili uključeni opsednuti demonima, epileptičari, paralizovani i drugi koji su patili od različitih vrsta bolesti. Kada su sa leprom, ljudi sa temperaturom, sakati, slepi i ostali bivali isceljeni dodirivanjem Isusa, oni su počeli da ga prate i da Njega služe. Koliko je predivan bio ovaj prizor? Nakon što su bili svedoci takvim čudima i zapanjivim delima, ljudi su verovali i prihvatili Isusa, dobijali su odgovore na životne probleme i bolesni su iskusili dela isceljenja. Šta više, baš kao što je Isus isceljivao ljudi u Njegovom vremenu, svako ko dođe ispred Isusa može takođe i danas da dobije isceljenje.

Čovek koji se nije toliko razlikovao od sakatog posetio je

celonoćnu službu bogosluženja petkom odmah nakon što je pronašao moju crkvu. Posle saobraćajne nesreće automobilom, čovek je primao duže vreme terapiju u bolnici. Međutim, zato što mu je tetiva u njegovom kolenu bila produžena, on nije mogao da savije njegovo koleno i zato što listove na nozi nije mogao da pomera, za njega je bilo nemoguće da hoda. Kako je slušao propovedanu Reč, on je počeo da prihvata Isusa Hrista i bio je isceljen. Kada sam se iskreno molio za čoveka, on je odmah ustao i počeo je da hoda i da trči. Baš kao što je sakat čovek blizu kapije Hrama Krasna poskočio na svoje noge i počeo da hoda posle Petrove molitve (Dela Apostolska 3:1-10), čudesna dela Božja su bila manifestvovana.

Ovo služi kao primer da svako ko veruje u Isusa Hrista i dobije oproštaj u Njegovo ime može da bude u potpunosti isceljen od njegovih bolesti – čak iako one ne mogu biti izlečene sa medicinskom naukom – jer je njegovo telo obnovljeno i preobraćeno. Bog koji je isti juče i danas i zauvek (Poslanica Jevrejima 13:8) deluje u ljudima koji veruju u Njegovu Reč i traže u skladu sa njihovom verom i On isceljuje različite bolesti, otvara oči slepima i daje da sakati ustanu.

Svako ko je prihvatio Isusa Hrista, njemu je oprošteno od

svih njihovih grehova i postaje dete Božje i može sada da živi život u slobodi.

Hajde sada da razmotrimo do detalja zašto svako od nas može da živi zdrav život kada počnemo da verujemo u Isusa Hrista.

Isus je bio kažnjen i prolio je Njegovu krv

Pre Njegovog razapeća, Isusa su izderali Rimski vojnici i On je prolio Svoju krv na sudu Pontija Pilata. Rimski vojnici u Njegovom vremenu bili su čvrstog zdravlja, izuzetno jaki i dobro istrenirani. Nakon svega, oni su bili vojnici vladara koji je vladao svetom u to vreme. Neverovatan bol koji je Isus izdržao kada su Njega ovi jaki vojnici svukli i tukli ne može biti adekvatno opisan rečima. Na svakom bičevanju, bič bi se omotao oko Njegovog tela i kidao bi Njegovo meso i krv Njegova je kapljala iz tela.

Zašto je Isus, Sin Božji koji je bez greha, srama, ili krivice morao da bude tako bičevan silno i da krvari za nas grešnike? Usađeni u ovaj događaj su duhovna implikacija velikih dubina i neverovatnog proviđenja Božjeg.

1. Poslanica Petrova 2:24 nam govori da smo sa Isusovim ranama mi isceljeni. U Isaiji 53:5 mi čitamo da smo Njegovim

bičevanjem mi isceljeni. Pre oko dve hiljade godina, Isus Sin Božji je bio bičevan da bi nas otkupio od agonije bolesti i krv koju je On prolio je za naše grehove jer nismo živeli po Reči Božjoj. Kada mi verujemo u Isusa koji je bičevan i koji je krvario, mi ćemo već biti oslobođeni od naših bolesti i bićemo isceljeni. Ovo je znak Božje neverovatne ljubavi i mudrosti.

Prema tome, ako vi patite od bolesti kao dete Božje, pokajte se u vašim grehovima i verujte da ste već bili isceljeni. Jer: „Vera je, pak, tvrdo čekanje onog čemu se nadamo, i dokazivanje onog što ne vidimo" (Poslanica Jevrejima 11:1), čak iako mi osećamo bol u pogođenim delovima našeg tela, sa verom sa kojom mi možemo da kažemo: „Ja sam već isceljen," to će zaista uskoro biti isceljeno.

Za vreme mojih školskih dana, ja sam povredio jedno moje rebro i kada bi se vratilo s vremena na vreme, bol je bio nepodnošljiv da sam imao poteškoća prilikom disanja. Godinu ili dve nakon što sam prihvatio Isusa Hrista, bol se povratio kada samo pokušao da podignem težak predmet i nisam čak mogao da napravim ni naredni korak. Uprkos tome, zato što sam ja iskusio i verovao u moć svemogućeg Boga, ja sam se iskreno molio: „Kada se pomerim odmah nakon molitve, ja verujem da će bol nestati i da ću da hodam." Kako sam verovao u mog svemogućeg Boga i obrisao pomisao na bol mogao sam da ustanem i hodam. Bilo je to kao da je bol bio u mojoj mašti.

Kao što je Isus rekao u Jevanđelju po Marku 11:24: „Zato vam kažem: sve što ištete u svojoj molitvi verujte da ćete primiti; i biće vam," ako mi verujemo da smo već bili isceljeni, mi ćemo zaista dobiti isceljenje u skladu sa našom verom. Međutim, ako mi mislimo da još nismo isceljeni zbog potajnog bola, bolest neće biti isceljena. Drugim rečima, samo kada razbijemo zamisao u našim sopstvenim mislima, sve će biti učinjeno sa našom verom.

Zbog toga nam Bog govori da su grešne misli neprijatelj Bogu (Poslanica Rimljanima 8:7) i naređuje nam da zarobimo svaku misao da bi bili pokorni Bogu (2. Poslanica Korinćanima 10:5). Šta više, u Jevanđelju po Mateju mi nailazimo da je Isus uzeo našu slabost i odneo naše bolesti. Ako vi mislite: „Ja sam slab," vi samo možete da ostanete slabi. Ipak, bez obzira koliko da je težak i iscrpljujući život, ako vaše usne priznaju: „Zato što imam u sebi moć i milost Boga i zato što me Sveti Duh vodi, ja nisam iscrpljen," iscrpljenost će nestati i vi ćete se pretvoriti u snažnu osobu.

Ako mi zaista verujemo u Isusa Hrista koji je uzeo našu

slabost i odneo našu bolest, mi moramo da se setimo da ne postoji razlog da bi mi patili od bolesti.

Kada je Isus video njihovu veru

Sada pošto smo mi isceljeni zbog Isusove kazne ono što je nama potrebno je vera sa kojom ćemo verovati u ovo. Danas, mnogi ljudi koji nisu verovali u Isusa Hrista su došli pred Njim sa svojim bolestima. Neki ljudi su isceljeni malo posle što su prihvatili Isusa Hrista dok drugi nisu pokazali nikakav napredak čak i posle molitva koje su trajale nekoliko meseci. Kasnija grupa ljudi treba da pogleda unazad i da proveri svoju veru.

U objašnjenju navedenom u Jevanđelju po Marku 2:1-12, hajde da razjasnimo kako su paralizovan čovek i njegova četiri prijatelja pokazali svoju veru, omogućavajući isceliteljsku ruku Gospoda da ga oslobodi od njegove bolesti i da daje slavu Bogu.

Kada je Isus posetio Kapernaum, vest o Njegovom dolasku se veoma brzo proširila i velika kolona se okupila. Isus im je propovedao Reč Božju-istinu-i gomila je obratila pažnju, ne želeći da propusti ni najmanju reč Isusa. Odmah tada, četiri čoveka je povelo sa sobom paralizovanog čoveka na podmetaču ali zbog velike kolone, oni nisu mogli da dovedu blizu paralizovanog do Isusa.

Uprkos tome, oni nisu odustali. Umesto toga, oni su otišli gore na krov kuće u kojoj je Isus boravio, napravili su otvor iznad njega, provukli se tuda i spustili su podmetač na kojem je paralizovan ležao. Kada je Isus video njihovu veru, On je rekao paralizovanom: „Sine, tvojim grehovima je oprošteno...ustani, uzmi svoj podmetač i idi kući," i paralizovan je dobio isceljenje koje je iskreno želeo. Kada je on uzeo svoj podmetač i hodao ispred na očigled svih, ljudi su bili zaprepašćeni i dali su slavu Bogu.

Paralizovan čovek je patio od tako teške bolesti da nije mogao da se sam pomera. Kada je paralizovan čuo o novostima o Isusu, koji je otvorio oči slepima, uspravio sakate, iscelio sa leprom, izbacivao demone i iscelio mnoge razne patnje od različitih bolesti, on je očajnički želeo da vidi Isusa. Zato što je imao dobro srce, kada je paralizovan čuo takve novosti, on je žudio da vidi Isusa odmah kada čuje gde će Isus biti.

Onda, jednog dana, paralizovan čovek je čuo da je Isus došao u Kapernaum. Možete li da zamislite koliko je oduševljen bio kada je čuo ove novosti? On mora da je tražio svoje prijatelje koji bi mu pomogli i njegovi prijatelji, koji su na sreću imali svoju sopstvenu veru, su vrlo rado prihvatili prijateljev zahtev. Zato što su prijatelji paralizovanog čoveka takođe čuli novosti o Isusu, kada je njihov prijatelj iskreno zatražio da ga odvedu kod Isusa, oni su pristali.

Da su prijatelji paralizovanog odbili njegov zahtev i da su mu se podsmevali, govoreći: „Kako ti možeš da veruješ u takve stvari kada ga sam nisi video?" oni ne bi prošli kroz sve te nevolje da bi pomogli prijatelju. Ipak, zato što su oni takođe imali veru, oni su mogli da donesu prijatelja na podmetaču, svako od njih je držao jedan kraj podmetača i čak su se namučili da bi napravili otvor na krovu kuće.

Kada su oni videli veliku kolonu da se okupila i napravili su težak put i nisu mogli da se provuku da bi prišli Isusu, koliko su samo uznemireni i obeshrabreni oni bili? Oni mora da su tražili i bili zadovoljni zbog malog otvora. Međutim, zbog velikog broja ljudi koji su se okupili, oni nisu videli nijedan prolaz i počeli su da postaju očajni. Na kraju, oni su odlučili da se popnu na krov kuće u kojoj je Isus bio, napravili su otvor i spustili su njihovog prijatelja koji je ležao na podmetaču ispred Isusa. Paralizovan je došao pred Isusom na najbližu distancu od svih ostalih koji su bili prisutni. Kroz ovu priču, mi možemo da vidimo koliko su iskreno žudili paralizovan čovek i njegovi prijatelji da budu pred

Isusom.

Mi moramo da obratimo pažnju na činjenicu da je paralizovan i njegovi prijatelji nisu samo jednostavno otišli pred Isusa. Činjenica da su oni prošli kroz nevolju da bi bili pred Njime samo nakon što su čuli vest o Njemu nam govori da su verovali u vesti o Njemu i o porukama koje je On učio. Šta više, prolazivši vidljive teškoće, istrajanje i agresivno prilaženje Isusu, paralizovan čovek i njegovi prijatelji su pokazali koliko su pokorni bili kada su stali ispred Njega.

Kada su ljudi videli paralizovanog čoveka i njegove prijatelje da idu na krov i da prave otvor na njemu, kolona ljudi je možda osetila prezir ili postala ljuta. Možda događaj ne možemo ni da zamislimo kako se dogodio. Ipak, za ovo petoro ljudi, niko i ništa nije moglo da ometne njihov put. Jednom kada su videli Isusa, paralizovan čovek je bio isceljen i oni su mogli da lako poprave i nadoknade štetu na krovu.

Ipak, između mnogih ljudi koji pate od teških bolesti danas, teško je da naiđemo na samog pacijenta ili porodicu koji predstavljaju veru. Umesto da su agresivno prilazili Isusu, oni su bili brzi u odgovorima: „Ja sam užasno bolestan, hteo bih da odem ali nisam u mogućnosti," ili „I tako, i tako moja porodica je toliko slaba da ona ne može da se pomeri." Obeshrabrujuće je da vidim takve pasivne ljude koji čini se samo čekaju da jabuka padne u njihova usta sa drveta jabuke. Ovim ljudi, drugim rečima, manjka vera.

Ako ljudi dokazuju svoju veru u Boga, tu mora da postoji i iskrenost sa kojom oni pokazuju svoju veru. Da bi neko mogao da iskusi dela Božja sa verom koja su dobijena i skladištena samo kao znanje, samo kada on pokaže njegovu veru u delima, njegova vera postaje živa vera i volja temelj vere da bi se dobila i izgradila Bogom data duhovna vera. Prema tome, baš kao što je i paralizovan čovek dobio Božje delo isceljenja na osnovu temelja njegove vere, mi takođe moramo da postanemo mudri i da pokažemo Njemu naš temelj vere-veru samu-tako da mi takođe možemo da vodimo život u kome ćemo dobiti Bogom datu duhovnu veru i iskusimo Njegova čuda.

Vašim grehovima je oprošteno

Za paralizovanog čoveka koji je došao ispred Isusa uz pomoć prijatelja, Isus je rekao: „Sine, tvojim grehovima je oprošteno," i rešio je problem greha. Za pojedinca nije moguće da dobije odgovore kada postoji zid greha između njega samog i Boga, Isus je prvo utvrdio problem za paralizovanog čoveka, koji je došao do njega sa temeljom vere.

Ako mi zaista posedujemo našu veru u Bogu, Biblija nam govori sa kojom vrstom stava mi m moramo da dođemo ispred Njega i kako treba da činimo. Slušanjem zapovesti kao što su: „Čini," „Ne čini," „Održavaj" i „Odbaci" i slično tome, nepravedna osoba će se pretvoriti u onu pravednu osobu i lažov će se pretvoriti u iskrenu i poštenu osobu. Kada se mi povinujemo Reči istine, naši grehovi će biti pročišćeni krvlju našeg Gospoda i mi ćemo dobiti oproštaje, Božju zaštitu i odgovori će od gore doći.

Zato što su sve bolesti stablo greha jednom kada je problem ustanovljen, uslovi u kojima će Božja dela biti manifestvovana su ustanovljeni. Baš kao što sijalica svetli i svi mašinski aparati kada struja prolazi kroz anodu i izlazi kroz katodu, kada Bog vidi nečije temelje vere On će ustanoviti oproštaj i daće mu od gore veru i uveliko će proizvoditi čuda.

„Ustani, uzmi odar svoj i idi doma" (Marku 2:11). Koliko je topla ova primedba? Nakon što je video veru paralizovanog čoveka i njegovo četvoro prijatelja, Isus je rešio problem greha i paralizovan čovek je mogao odmah da hoda. On je postao ponovo, nakon toliko vremena u bolesti, ponovo potpun. Na isti način, ako mi želimo da primimo odgovore ne samo na bolesti već na bilo koje probleme da imamo, mi moramo da se setimo da najpre moramo da dobijemo oproštaj i da učinimo naše srce čistim.

Kada ljudi imaju malo vere, oni možda vide rešenja za njihovu bolest oslanjajući se na medicinu i lekare, ali sada kada je njihova vera narasla i oni vole Boga i žive po Njegovoj Reči, bolest njih ne napada. Čak i kada su se oni razboleli, kada su najpre pogledali unazad na sebe, pokajali se iz dubine njihovih srca i okrenuli se od grešnih puteva, oni su odmah primili isceljenje. Ja znam da su mnogi od vas imali takva iskustva.

Nedavno, starešini u mojoj crkvi je dijagnostikovana raptura diskusa i odmah odjednom, on je mogao da se pomera. Odjednom, on je pogledao unazad na svoj život, pokajao se i primio moju molitvu. Delo isceljenja Božjeg se dogodilo na licu mesta i njemu je opet bilo dobro.

Kada je njena ćerka patila od groznice, majka i ćerka su shvatile da je njihova tvrdoglavost bila koren ćerkine patnje i kada se ona pokajala zbog toga dete je postalo dobro.

Kako bi spasio celo čovečanstvo zbog Adamove

neposlušnosti, koje je bilo na ivici uništenja, Bog je poslao Isusa Hrista na ovu zemlju i dozvolio Mu je da bude proklet i razapet na drveni krst za naše dobro. Zbog toga Biblija govori: „I gotovo sve se krvlju čisti po zakonu, i bez prolivanja krvi ne biva oproštenje" (Poslanica Jevrejima 9:22) i „Proklet svaki koji visi na drvetu" (Poslanica Galaćanima 3:13).

Sada kada znamo da problem bolesti potiče iz greha, mi moramo da se pokajemo od svih naših grehova i iskreno da verujemo u Isusa Hrista koji je otkupio sve nas od svih naših bolesti i sa tom verom mi bi trebali da vodimo zdrav život. Mnogo braća danas doživljavaju isceljenja, svedoče o Božjoj moći i svedoče o živom Bogu. Ovo nam pokazuje da bilo ko ko prihvata Isusa Hrista i traži Njegovo ime, na probleme svih bolesti može biti odgovoreno. Bez obzira koliko je nečija bolest teška, kada on veruje u svom srcu u Isusa Hrista koji je kažnjen i prolio je Njegovu krv, neverovatno delo isceljenja Božjeg će biti manifestovano.

Vera usavršena sa delima

Kao što je paralizovan čovek dobio isceljenje uz pomoć svojih prijatelja nakon što su pokazali svoju veru ispred Isusa, ako mi želimo da dobijemo želju u našim srcima, mi takođe moramo da pokažemo Bogu našu veru koja je praćena delima, čime se uspostavlja temelj vere. Kako bi pomogli čitaocima da razumeju bolje „veru" ja ću ponuditi kratko objašnjenje.

U nečijem životu u Hristu, „vera" može biti podeljena i objašnjena u dve kategorije. „Vera mesa" ili „vera znanja" se odnosi na vrstu vere sa kojom jedan može da veruje zbog fizičkih dokaza i Reč se poklapa sa njegovim znanjem i mislima. Suprotno tome, „duhovna vera" je vrsta vere sa kojom jedan može da veruje čak iako ne može da vidi da se Reč poklapa sa znanjem i mislima.

Sa „verom mesa," jedan veruje da je nešto što je vidljivo stvoreno je samo iz nečeg drugog što je takođe vidljivo. Sa „duhovnom verom," koju neko ne može da ima ako se ne poklapa sa njegovim sopstvenim mislima i znanjem, jedan veruje da nešto što je vidljivo može biti stvoreno od nečega drugog što nije vidljivo. Ovo poslednje zahteva uništenje nečijeg znanja i misli.

Još od rođenja, neizračunljiva količina znanja je usađena u mozgu svake osobe. Stvari koje vidi i čuje su registrovane.

Stvari koje uči u kući i u školi su registrovane. Stvari u različitom okruženju i uslovima su registrovane. Ipak, nije svako registrovano znanje istina, ako je jedna od njih suprotna Reči Božjoj, jedan mora odmah da je odbaci. Na primer, u školi on uči da svaka živa stvar ili se raspala ili je evoluirala od jednoćelijskog organizma u višećelijski organizam ali u Bibliji on uči da sve žive stvari su stvorene u skladu sa njihovim vrstama od Boga. Šta bi on trebao da uradi? Teorija zavere o evoluciji je već bila razgolićena čak i naučno iznova i iznova. Kako je moguće da čak i sa ljudskim rezonima, da je majmun evoluirao u ljudsko biće i da je žaba evoluirala u neku vrstu ptice u razmaku od milion godina? Čak i logičnost favorizuje stvaranje.

Slično tome, „vera mesa" je transformisana u „duhovnu veru" kako će vaše sumnje biti bačene vi ćete moći da stanete na kamenu vere. U nastavku, ako vi priznate vašu veru u Bogu, vi morate sada da stavite Reč koju ste sklonili kao znanje u praktikovanju. Ako vi priznate da verujete u Boga, vi morate da pokažete sebe kao svetlost održavajući Božji dan svetim, da volite svoje komšije i da se povinujete Rečju istine.

Da je paralizovan čovek u Jevanđelju po Marku 2 ostao

kod kuće, on ne bi bio isceljen. Ipak, zato što je verovao da će biti isceljen kada dođe ispred Isusa i pokazao je njegovu veru primenjujući i koristeći svaku metodu, paralizovan čovek je moga da dobije iscelјenje. Čak iako pojedinac želi da izgradi kuću i samo se moli: „Gospode, ja verujem da će kuća biti izgrađena," stotinu ili hilјadu molitva neće sama od sebe dovesti da se kuća izgradi sama od sebe. On mora da svoj deo u delu pripremanja temelјa, kopanju zemlјe, postavlјanju stubova, i ostalog; ukratko, „dela su potrebna."

Ako vi ili neko iz vaše porodice pati od bolesti, verujte da će Bog dati oproštaj i manifestvovaće dela iscelјenja kada On vidi sve u vašoj porodici ujedinjene, ujedinjenost sa kojom će On podići temelј vere. Neki kažu da zato što postoji vreme za sve, postojaće i vreme takođe i za iscelјenje. Međutim, setite se da „vreme" je kada čovek postavlјa temelј vere ispred Boga.

Da vi dobijete odgovore na vašu bolest takođe i za sve ostalo što potražite i da dajete slavu Bogu, i ime Gospoda ja se molim!

Poglavlje 5

Snaga da se isceli slabost

Jevanđelje po Mateju 10:1

I dozvavši Svojih dvanaest učenika dade im vlast nad duhovima nečistim da ih izgone, i da isceljuju od svake bolesti i svake nemoći.

Snaga da se isceli bolest i slabost

Postoji mnogo načina da se dokaže živi Bog nevernicima i isceljenje od bolesti je jedna od tih metoda. Kada ljudi pate od neizlečive i krajnje bolesti, protiv koje je medicinska nauka beskorisna, dobiju isceljenje, oni više ne mogu da poreknu moć Boga Stvoritelja već počinju da veruju u ti moć i daju Njemu slavu.

Uprkos njihovom zdravlju, vlasti, moći i znanju, mnogi ljudi danas nisu u mogućnosti da reše problem bolesti i ostavljeni su u njenoj boli. Čak iako veliki broj bolesti ne može biti izlečen čak i sa najvećim razvojem medicine, kada ljudi veruju u svemogućeg Boga, oslone se na Njega i i predaju problem bolesti Njemu, sve neizlečive bolesti i bolesti sa smrtnim ishodom mogu biti isceljene. Naš Bog je svemoguć Bog, za koga ništa nije nemoguće i ko može da stvori nešto od ničega, koji ima suvi štap sa klijalim pupoljcima (Brojevi 17:8), i oživljava mrtve (Jevanđelje po Jovanu 11:17:44).

Moć našeg Boga može zaista da isceli svaku bolest i zarazu. U Jevanđelju po Mateju 4:23, mi nailazimo: „I prohođaše po svoj Galileji Isus učeći po zbornicama njihovim, i propovedajući jevanđelje o carstvu, i isceljujući svaku bolest i svaku nemoć po ljudima" i u Jevanđelju po Mateju 8:17 mi čitamo da: „Da se zbude šta je kazao Isaija prorok govoreći: 'On nemoći naše uze i bolesti ponese.'" U ovim stihovima, „bolest," „nemoć," i „slabost" su pročitane.

Ovde „slabost" se ne odnosi na relativno slabe bolesti kao prehlada ili bolest od umora. To je neprirodno stanje u kome funkcije nečijeg tela, delovi tela ili organa postaju paralizovani ili oštećeni zbog nesreće ili greške njegovih roditelja ili svoje sopstvene. Na primer, oni koji su mutavi, gluvi, slepi, sakati ili pate zbog slabosti paralize (poznate kao polio) i ostali- oni koji ne mogu biti izlečeni znanjem čoveka-mogu biti smatrani kao „slabi." Pored uslova uzrokovanih nesrećom ili nesreća ili grešaka roditelja ili njegovih sopstvenih, kao u ovom slučaju čoveka koji je rođen slep u Jevanđelju po Jovanu 9:1-3, postoje ljudi koji pate od slabosti tako da slava Božja može biti manifestvovana. Ipak, takvi slučajevi su retki i obično su uzrokovani ignorisanjem ili greškama od strane ljudi.

Kada se ljudi pokaju i prihvate Isusa Hrista kao što žele da veruju u Boga, On im daje Svetog Duha kao dar. Zajedno sa Svetim Duhom oni takođe dobijaju i pravo da postanu Božja deca. Kada je Sveti Duh sa njima, osim u retkim slučajevima i ozbiljnim slučajevima, većina bolesti je isceljeno. Činjenica da su oni primili Svetog Duha sama dozvoljava vatru Svetog Duha da siđe do njih i da izgori njihove rane. Šta više, ako neko pati od kritične bolesti, kada se on iskreno moli u veri, uništava zid grehova između njega samog i Boga, okreće se od puta greha, pokaje se, on će dobiti isceljenje u skladu sa njegovom verom.

„Vatra Svetog Duha" se odnosi na krštenje vatrom koje zauzima mesto nakon što neko dobije Svetog Duha i iz Božjeg pogleda to je Njegova moć. Kada su duhovne oči Jovana Krstitelja bile otvorene i kada je video, on je opisao vatru Svetog Duha kao „krštenje vatrom." U Jevanđelju po Mateju 3:11, Jovan Krstitelj je rekao: „Ja dakle krštavam vas vodom za pokajanje, a Onaj koji ide za mnom, jači je od mene, ja nisam dostojan Njemu obuću poneti; On će vas krstiti Duhom Svetim i ognjem." Krštenje vatrom ne dolazi u svako vreme već samo kada je neko ispunjen Svetim Duhom. Pošto vatra Svetog Duha uvek dolazi na njega koji je ispunjen Svetim Duhom, svi njegovi grehovi i bolesti biće izgorene i on će početi da živi zdravi život.

Kada krštenje vatrom spali uzrok bolesti, većina bolesti su isceljene; međutim, ne mogu biti izgorene samo sa krštenjem vatrom. Kako, onda, slabost može biti isceljena?

Sve slabosti mogu biti isceljene samo sa Bogom datom moći. Zbog toga mi nailazimo u Jevanđelju po Jovanu 9:32-33: „Otkako je sveta nije čuveno da ko otvori oči rođenom slepcu. Kad On ne bi bio od Boga ne bi mogao ništa činiti."
U Delima Apostolskim 3:1-10 postoji scena u kojoj su Petar i Jovan, koji su oboje primili moć Boga, pomogli su sakatom od rođenja koji je ustao počevši od kapije hrama zvane „Krasna" Kada mu je Petar rekao u stihu 6: „Srebra i zlata nema u mene, nego šta imam ovo ti dajem: U ime Isusa Hrista Nazarećanina ustani i hod!" i uzeo je sakatog desnom rukom, odmah su noge čoveka i člankovi postali snažni i on je počeo da slavi Boga hvalospevom.sing God. Kada su ljudi videli čoveka koji je ranije bio sakat da hoda i slavi Boga, oni su se osećali začuđeno i bili su zapanjeni.

Ako neko želi da dobije isceljenje, on mora da poseduje veru sa kojom veruje u Isusa Hrista. Čak iako je sakat čovek možda bio samo prosjak, zato što je on verovao u Isusa Hrista on je mogao da dobije isceljenje dok su se oni koji su dobili moć Boga molili za njega. Zbog toga nam Sveto Pismo govori: „I za veru imena Njegovog, ovoga kog vidite i poznajete, utvrdi ime Njegovo; i vera koja je kroza Nj dade mu celo zdravlje ovo pred svima vama" (Dela Apostolska 3:16).

U Jevanđelju po Mateju 10:1 mi nailazimo da Isus daje moć Njegovim učenicima protiv nečistih duhova, da ih odbacuju i da iscele sve načine slabosti i sve načine bolesti. U Starom Zavetu, Bog daje moć za isceljenje slabosti Njegovim voljenim prorocima uključujući Mojsija, Iliju i Jeliseja; u Novom Zavetu, Božja moć je bila sa takvim apostolima kao što su Petar i Pavle i odani radnici Stefan i Filip.

Jednom kada jedan dobije moć Boga ništa nije nemoguće zato što on može da pomogne sakatim, isceli one koji pate od slabosti paralize i omogući im da hodaju, da slepima učini da vide, da otvori uši gluvima i izgubljenim jezicima gluvo nemih.

Različiti načini da se isceli slabost

1. Moć Božja je iscelila gluvog i mutavog čoveka

U Jevanđelju po Marku 7:31-37 je scena sa kojom moć Božja

isceljuje gluvog i mutavog čoveka. Kada su ljudi doveli čoveka ispred Isusa i molili Njega da stavi njegove ruke na čoveka, Isus je pomerio čoveka sa strane i stavio je Njegove prste u čovekove uši. Onda je pljunuo i dodirnuo je čovekov jezik. On je pogledao prema nebu i u dubokom uzdahu je rekao: „Efata!" (što znači: „Budi isceljen!") (stih 34). U tom momentu uši čoveka su bile otvorene, njegov jezik se opustio i on je mogao slobodno da govori.

Da li Bog, koji je stvorio sve u univerzumu Svojom Rečju, ne bi i čoveka iscelio sa Rečju? Zašto je Isus stavio Njegove prste na čovekove uši? Pošto gluva osoba ne može da čuje zvukove i ne može da komunicira sa jezičkim znakovima, ovaj čovek ne bi mogao da poseduje veru na način na koji su drugi to mogli čak i da je Isus govorio glasno. Zato što je Isus znao da čoveku nedostaje vera, Isus je stavio njegove prste na čovekove uši da bi kroz dodir prstiju čovek mogao da poseduje veru sa kojom bi mogao da bude isceljen. Najvažniji elemenat je vera sa kojom jedan veruje da može biti isceljen. Isus je mogao da isceli čoveka sa Njegovom Rečju ali zato što čovek nije mogao da čuje, Isus je posadio veru i dozvolio mu je da dobije isceljenje koristeći takav metod.

Zašto, onda, je Isus pljunuo i dodirnuo čovekov jezik? Činjenica da je Isus pljunuo nam govori da je zli duh uzrokovao da čovek bude mutav. Da vam neko pljune u lice bez ikakvog razloga, kako biste to prihvatili? To je čin zagađivanja i nemoralnog ponašanja koji u potpunosti zanemaruje nečiji karakter. Pošto pljuvanje u osnovi simbolizuje ne poštovanje i poniženje za nekoga, Isus je takođe pljunuo kako bi izbacio zlog duha.

U Postanku, mi nailazimo da je Bog prokleo zmiju otrovnicu da jede prašinu za vreme preostalog života. Ovo, drugim rečima, se odnosi na Božju kletvu prema neprijatelju đavolu i Sotoni, koji su podstakli zmiju otrovnicu da načini od čoveka plen koji je napravljen od prašine. Prema tome, još od Adamovog vremena neprijatelj đavo je nastojao da načini od čoveka plen i tražio je svaku priliku da muči i satire čoveka. Baš kao što se muve, komarci i larve nastanjuju na prljavim mestima, neprijatelj đavo se nastanjuje u ljudima čija su srca ispunjena grehom i tvrdoglavima i pravi ih taocima njihovih misli. Mi moramo da shvatimo da samo oni koji žive po Reči Božjoj mogu da budu isceljeni od svojih bolesti.

2. Moć Božja je iscelila slepog čoveka

U Jevanđelju po Marku 8:22-25 mi nailazimo na sledeće:

I dođe u Vitsaidu. I dovedoše k Njemu slepoga, i moljahu Ga da ga se dotakne. I uzevši za ruku slepoga izvede ga napolje iz sela, i pljunuvši mu u oči metnu ruke na nj, i zapita ga: „Vidiš li šta?" I pogledavši reče: „Vidim ljude gde idu kao drva." I potom opet metnu mu ruke na oči, i reče mu da progleda: i isceli se, i vide sve lepo.

Kada se Isus molio za ovog slepog čoveka, On je pljunuo na čovekove oči. Zašto onda ovaj čovek nije mogao da vidi prvi put kada se Isus molio za njega već nakon druge Isusove molitve? Sa Njegovom moći, Isus je mogao da isceli čoveka u potpunosti ali pošto je čovekova vera bila mala, Isus se molio za njega drugi put i pomogao mu je da poseduje veru. Kroz ovo, Isus nas uči da kada ljudi ne mogu da dobiju isceljenje prvi put kada prime molitvu, mi bi trebali da se molimo za te ljude dva, tri, četiri čak i pet puta sve dok se seme vere sa kojom oni mogu da počnu da veruju u svoje isceljenje, ne posadi.

Isus za kojeg ništa nije bilo nemoguće se molio i molio

ponovo kada je On znao da slep čovek ne može biti isceljen njegovom verom. Šta mi treba da uradimo? Sa više preklinjanja i molitva, mi bi trebali da izdržimo sve dok ne dobijemo isceljenje.

U Jovanovoj Poslanici 9:4-6 je čovek rođen slep koji je dobio isceljenje nakon što je Isus pljunuo na zemlju, napravio malo blata od Njegove pljuvačke i stavio blato na njegove oči. Zašto je njega Isus iscelio kada je pljunuo na zemlju, napravio blato od Njegove pljuvačke i stavio blato na njegove oči? Pljuvačka se ovde ne odnosi na ništa što je nečisto; Isus pljuje na zemlju da bi mogao da napravi blato i stavlja ga na čovekove oči. Isus je napravio blato sa Njegovom pljuvačkom zato što je bila nestašica vode. U slučaju kada se njihova deca ispeku ili kada se rana širi ili u ujedima od insekta, roditelji često stave njihovu pljuvačku na pažljiv način. Mi bi trebali da razumemo ljubav našeg Boga koji koristi razna značenja da pomogne slabima da poseduju veru.

Kako je Isus stavio blato na slepe čovekove oči, čovek je imao osećaj blata na njegovim očima i počeo je da poseduje veru sa kojom je mogao da bude isceljen. Nakon što je Isus dao veru slepom čoveku čija je sopstvena vera bila mala, Njegovom moći On je otvorio čovekove oči.

Isus nam govori: „Ako ne vidite znaka i čudesa, ne verujete" (Jevanđelje po Jovanu 4:48). Danas, nemoguće je pomoći onim ljudima koji poseduju vrstu vere sa kojom jedan može da veruje sa Rečima iz Biblije, bez da svedoči od čudima isceljenja i čudima. U godinama u kojoj je nauka čovekovog znanja daleko napredovala, izuzetno je teško da se poseduje duhovna vera u verovanju u nevidljivog Boga. „Videti je verovati" mi često čujemo. Slično tome, zato što će ljudska vera narasti i dela isceljenja će se dogoditi mnogo brže kada oni vide stvarne dokaze živog Boga, „čudesni znakovi i čuda" su apsolutno neophodni.

3. Moć Božja je iscelila sakatog

Kako je Isus propovedao Božje Novosti i isceljivao ljude koji su patili od svih slučajeva bolesti i načina zaraze, Njegovi učenici su takođe manifestvovali moć Božju.

Kada je Petar zapovedio sakatom prosjaku: „U ime Isusa Hrista Nazaretskog, hodaj" (stih 6) u uzeo ga sa desnom rukom, odmah su čovekove noge i zglobovi postali jaki i on je poskočio na noge i počeo je da hoda (Dela Apostolska 3:6-10). Kako su ljudi videli sve više znakova i čuda koje je Petar manifestvovao nakon što je dobio Božju moć, sve više ljudi je počelo da veruje u Gospoda. Oni su čak i iznosili bolesne na ulicu i polagali ih na krevete i madrace tako da samo Petrova senka može da padne na neke od njih dok je prolazio. Kolona se takođe okupljala i iz okolnih gradova Jerusalima, dovodili su svoje bolesne i one mučene demonima i svi oni bili su isceljeni (Dela Apostolska 5:14-16).

U Delima Apostolskim 8:5-8 mi nailazimo: „A Filip sišavši u grad samarijski propovedaše im Hrista. A narod pažaše jednodušno na ono što govoraše Filip, slušajući i gledajući znake koje činjaše. Jer duhovi nečisti s velikom vikom izlažahu iz mnogih u kojima behu, i mnogi uzeti i hromi ozdraviše. I bi velika radost u gradu onom".

U Delima Apostolskim 14:8-12 mi čitamo o čoveku koji je bio sakat u nogama, koji je bio sakat od rođenja i koji nikada nije hodao. Nakon što je slušao Pavlovu poruku i počeo da poseduje veru sa kojom je on mogao da dobije spasenje, kada mu je Pavle zapovedio: „Ustani na svoje noge!" (stih 10) čovek je poskočio i počeo je da hoda. Oni koji su svedočili ovom događaju su tvrdili da je: „Bog došao dole u nama u ljudskom obliku!" (stih 11)

U Delima Apostolskim 19:11-12 mi vidimo da: „Bog je činio izvanredna čuda sa rukama Pavla, tako da kad bi se maramice ili kecelje sa njegovog tela samo donele do bolesnih, bolesti su ih napuštale i zli duhovi bi izašli napolje." Koliko je zadivljujuća i prelepa moć Božja?

Kroz ljude čija su srca dostigla posvećenje i ispunila ljubav kao što su Petar, Pavle i i đakoni Filip i Stefan, moć Božja je takođe i danas manifestvovana. Kada su ljudi dolazili pred Boga sa verom sa željom da njihovi najbliži budu isceljeni, oni su mogli da budu isceljeni sa dobijanjem moilitve od Božjih sluga preko kojih je On delovao.

Od osnivanja Manmin, živi Bog mi je dozvolio da manifestujem različite znakove i čuda, da posadim veru u srcima članova i da izvedem velika oživljavanja.

Postojala je jednom žena koja je bila predmet zlostavljana od strane svoga muža koji je bio alkoholičar. Kada su njeni optički nervi postali paralizovani i kada su doktori odustali od nade nakon učestalog fizičkog zlostavljanja, žena je došla u Manmin nakon što je čula vesti o tome. Kako je ona revnosno učestvovala u službama bogosluženja i iskreno se molila za isceljenje, ona je primila moju molitvu i ponovo je mogla da vidi. Moć Božja je u potpunosti oporavila optičke nerve koji su se činili u jednom momentu da su potpuno izgubljeni.

U drugoj prigodi, postojao je čovek koji je patio od teške povrede leđa jer mu je kičma bila polomljena na osam mesta. Kako je niži deo njegovog dela tela postajao paralizovan, on je bio na ivici da njegove obe noge budu amputirane. Nakon što je prihvatio Isusa Hrista, on je mogao da izbegne amputaciju ali je i dalje morao da se oslanja na štake. On je onda počeo da dolazi na službe Manmin molitvenog centra i malo kasnije za vreme celonoćne službe Petkom, nakon što je primio moju molitvu čovek je bacio njegove štake, počeo je da hoda na svoje dve noge i još je postao i glasnik jevanđelja.

Moć Božja može u potpunosti da isceli bolesti koje medicinska nauka ne može da izleči. U Jevanđelju po Jovanu 16:23 Isus nam obećava: „I u onaj dan nećete me pitati nizašta. Zaista, zaista vam kažem da šta god uzištete u Oca u ime Moje, daće vam." Da vi verujete u neverovatnu moć Božju, da iskreno za njom žudite, da dobijete odgovore na sve vaše probleme vaših bolesti i da postanete glasnik koji prenosi Božje Novosti o živom i svemogućem Bogu, i ime našeg Gospoda ja se molim!

Poglavlje 6

Načini da se iscele demonom posedovani

Jevanđelje po Marku 9:28-29

I kad uđe u kuću, pitahu Ga učenici Njegovi nasamo: „Zašto ga mi nismo mogli isterati?" I reče im: „Ovaj se rod ničim ne može isterati do molitvom i postom."

U poslednjim danima ljubav se hladi

Napredak moderne naučne civilizacije i razvoj industrije je dovelo do materijalnog napretka i dozvolilo je ljudi ma da više teže ka ugodnostima i koristi. U isto vreme, ova dva faktora su rezultirala otuđenost, preveliku sebičnost, izdaje i kompleks inferiornosti između ljudima, kako ljubav slabi dok razumevanje i oproštaj je teško naći.

Kao što je u Jevanđelju po Mateju 24:12 predskazano: „I što će se bezakonje umnožiti, ohladneće ljubav mnogih" u vremenu kada šteta raste a ljubav se postepeno hladi, jedan od najvažnijih problema u našem društvu danas je veliki broj ljudi koji pate od takvih mentalnih poremećaja kao što je nervni slom i šizofrenija.

Mentalne institucije odvajaju mnoge pacijente koji nisu sposobni da vode normalne živote a nisu našli još uvek prikladno izlečenje. Ako ni jedan napredak nije napravljen i posle mnogo godišnjih tretmana, porodice postaju svesne i u mnogim slučajevima ignorišu ili napuštaju pacijente kao da su siročad. Ovi pacijenti, koji žive daleko i bez svojih porodica, nisu sposobni da funkcionišu na način na koji to normalni ljudi rade. Iako njima samima je potrebna iskrena ljubav njihovih najbližih, ne pokazuju mnogi ljudi svoju ljubav prema takvim pojedincima.

Mi nailazimo u Bibliji na mnogo slučajeva u kojima je Isus iscelio ljude koji su opsednuti demonima. Zašto su oni zapisani u Svetom Pismu? Kako se kraj doba približava, ljubav postaje hladnija i Sotona muči ljude, uzrokuje im da pate od mentalnog poremećaja, i usvaja ih kao đavolju decu. Sotona muči, gadi, zbunjuje i zaražuje sa grehom i zlobom misli ljudi. Zato što je društvo preplavljeno grehom i zlobom, ljudi brzo postaju ljuti, svađaju se, mrze i ubijaju jedni druge. Kako se poslednji dani doba približavaju, hrišćani moraju da mogu da razaznaju istinu od neistine, da zaštite njihovu veru i da vode zdrav život fizički i psihički.

Hajde da ispitamo uzrok Sotoninog podsticanja i mučenja, kao i veliki broj ljudi koje opseda Sotona i demoni i patnju zbog mentalnog poremećaja u našem modernom društvu u kojem je naučna civilizacija veoma napredovala.

Proces da postanete opsednut Sotonom

Svako ima savest i većina ljudi se ponaša i živi u skladu sa njihovom savesti, ali mera savesti svakog pojedinca i rezultati koji slede se razlikuju od osobe do osobe. Ovo je zato što svaka je osoba rođena i odrasla je u različitom okruženju i uslovima, videla je, čula i naučila različite stvari od roditelja, kuće i škole i registrovala je različite informacije.

Sa jedne strane, Reč Božja, što je istina, govori nam: „Ne daj se zlu nadvladati, nego nadvladaj zlo dobrim" (Poslanica Rimljanima 12:21) i naređuje nam: „Ne branite oda zla, nego ako te ko udari po desnom tvom obrazu, obrni mu i drugi" (Jevanđelje po Mateju 5:39). Pošto Reč uči o ljubavi i oproštaju, mera osude: „Gubljenje je dobijanje" se razvija u onima koji u to veruju. Sa druge strane, ako je neko naučio da treba da uzvrati ako ga je neko udario, on će dostignuti osudu koja se odnosi na to da je opiranje hrabro delo dok je izbegavanje bez opiranja kukavičluk. Tri faktora-mera osude svakog pojedinca, bilo da je on živeo pravedan ili nepravedan život i koliko se on kompromitovao sa svetom- će oblikovati različitu savest u različitim ljudima.

Zato što su ljudi živeli različito i njihova savest je prema tome različita, Božji neprijatelj Sotona koristi ovo da bi uhvatio ljude da žive u grešnoj prirodi, suprotno pravednosti i dobroti, meša zle misli i podstiče ih na greh.

U ljudskim srcima postoji konflikt između želje Svetog Duha

sa kojom oni žive po zakonu Božjem i želje za grešnom prirodom sa kojom ljudi prinuđeni da slede telesne želje. Zbog toga nam Bog naređuje u Poslanici Galaćanima 5:16-17: „Velim pak, po duhu hodite, i želja telesnih ne izvršujte. Jer telo želi protiv duha, a duh protiv tela; a ovo se protivi jedno drugom, da ne činite ono šta hoćete."

Ako mi živimo po željama Svetog Duha mi ćemo naslediti kraljevstvo Božje; ako pratimo želje grešne prirode i ne živimo po Reči Božjoj, mi nećemo naslediti Njegovo kraljevstvo. Zbog toga nas Bog upozorava kao što sledi u Poslanici Galaćanima 5:19-21:

A poznata su dela mesa, koja su: preljubočinstvo, kurvarstvo, nečistota, besramnost, idolopoklonstvo, čaranja, neprijateljstva, svađe, pakosti, srdnje, prkosi, raspre, sablazni, jeresi, zavisti, ubistva, pijanstva, žderanja, i ostala ovakva za koja vam napred kazujem kao što i kazah napred, da oni koji tako čine neće naslediti carstvo Božije.

Kako, onda ljudi postaju opsednuti demonima?

Kroz nečije misli, Sotona izaziva grešnu prirodu u pojedincu čije je srce ispunjeno grešnom prirodom. Ako on nije u mogućnosti da kontroliše njegove misli i čini dela grešne prirode, osećaj krivice se nastanjuje i njegovo srce će narasti u još veću zlobu. Kada se takva dela grešne prirode saberu, na kraju će osoba biti u nemogućnosti da sebe kontroliše i umesto toga će uraditi sve što ga Sotona podstakne. Za takvog pojedinca se kaže da je „opsednut" Sotonom.

Na primer, pretpostavimo da postoji lenj čovek koji ne voli da radi već radije voli da pije i da uzaludno troši vreme. Takvog pojedinca Sotona će podstaknuti i kontrolisaće njegove misli tako da će on završiti tako što će da pije i da uzaludno troši vreme misleći da je rad nepotreban. Sotona će ga takođe udaljiti od dobrote što je istina, zarobiće njegovu energiju i razvijaće njegov život i pretvoriće ga u nesposobnog i beskorisnog čoveka.

Kako on živi i ponaša se u skladu sa mislima Sotone, on će biti nesposoban da pobegne od Sotone. Šta više, kako njegovo srce raste još više zlobnije i kako je sebe predao zlim mislima, umesto da kontroliše njegovo srce on će uraditi bilo šta što mu odgovara. Ako želi da se naljuti, on će se naljutiti iz zadovoljstva; ako hoće da se bije ili da se raspravlja, on će se tući ili svađati onoliko koliko želi; i ako želi da pije on neće biti sposoban da sebe zaštiti od pijenja. Kada se ovo nagomila, od određene tačke pa na dalje on neće biti više sposoban da kontroliše svoje mili i srce i naići će na to da su sve stvari protiv njegove volje. Posle ovog procesa, on postaje opsednut demonima.

Uzrok opsednutih demonima

Postoje dva glavna izvora jedan je biti podstaknut Sotonom a kasnije opsednut demonima.

1. Roditelji

Ako su roditelji napustili Boga, služili idolima koje Bog prezire i smatra odvratnim, ili urade nešto neverovatno zlobno, onda će se sile zlih duhova uvući u njihovu decu i ako ostanu takvi neprovereni, oni će postati opsednuti demonima. U takvim slučajevima, roditelji moraju da dođu pred Boga, iskreno se pokaju od njihovih grehova, okrenu se od svoje grešne prirode i mole se Bogu u ime svoje. Bog će onda videti centar roditeljskog srca i manifestvovaće dela isceljenja i pomoću toga otpustiće lance nepravde.

2. Mi sami

Bez obzira na grehove roditelja, jedan može biti opsednut demonima zbog svoje sopstvene neistine, uključujući zlo, ponos i ostalo. Pošto pojedinac ne može da se moli i da se sam pokaje, kada on primi molitvu od sluge Božjeg koji manifestuje moć, lanci nepravde mogu biti oslobođeni. Kada su demoni oterani i kada on počne da oseća, on treba da uči Reč Božju kako bi njegovo srce koje je jednom bilo nakvašeno grehom moglo da se isuši i postane srce istine.

Prema tome, ako je neko od članova porodice opsednut demonom, porodica mora da odredi pojedinca koji će se moliti za dobro tog pojedinca. Ovo je zato što su srce i misli osobe opsednute demonima kontrolisane od strane demona i on nije u mogućnosti da radi nešto u skladu sa svojom voljom. On niti može da se moli niti da sluša Reč istine; on prema tome ne može da živi u istini. Prema tome, cela porodica ili samo jedna osoba iz porodice mora da se moli za njega u ljubavi i saosećanju kako bi član porodice opsednut demonom sada mogao da živi u veri. Kada Bog vidi požrtvovanost i ljubav te porodice, On će otkriti dela isceljenja. Isus nam govori da volimo naše bližnje kao same sebe (Jevanđelje po Luki 10:27). Ako mi nismo u mogućnosti da se molimo i da se žrtvujemo za člana naše porodice koji je opsednut demonima, kako mi možemo da volimo naše bližnje?

Kada porodica ili prijatelji onog ko je opsednut demonima utvrde uzrok, pokaju se, mole u veri za Božjom moći, posvete se u ljubavi, posade seme vere, onda će sile zla biti izbačene i njihovi voljeni će se pretvoriti u čoveka u istini, koga će Bog štititi i zaštititi protiv demona.

Način da se iscele opsednuti demonima

U mnogim delovima u Bibliji postoje događaji u isceljenju ljudi opsednutim demonima. Dozvolite nam da razmotrimo kako su oni dobili isceljenje.

1. Vi morate da odbacite snagu demona.

U Jevanđelju po Marku 5:1-20 mi nailazimo na čoveka koji je bio opsednut nečistim duhom. Stih 3-4 objašnjava o čoveku, govoreći: „Koji življaše u grobovima i niko ga ne mogaše svezati ni verigama. Jer je mnogo puta bio metnut u puta i u verige, pa je iskidao verige i puta izlomio; i niko ga ne mogaše ukrotiti." Mi takođe učimo iz jevanđelja po Marku 5:5-7 koji kaže: „I jednako dan i noć bavljaše se u grobovima i u gorama vičući i bijući se kamenjem. A kad vide Isusa iz daleka, poteče i pokloni Mu se; i povikavši glasno reče: 'Šta je Tebi do mene, Isuse Sine Boga Višnjeg? Zaklinjem Te Bogom, ne muči me!'"

To je bio odgovor na ono što je Isus zapovedio: „Izlazi iz ovog čoveka, ti nečisti duše!" (stih 8) Ova scena nam govori da ljudi iako nisu znali da je Isus Sin Božji, nečisti duh je precizno znao ko je Isus bio i koju vrstu moći je On imao.

Isus je onda pitao: „Kako ti je ime?" a demonom opsednut čovek je odgovorio: „Legeon, jer mnogi đavoli behu ušli u nj" (stih 9). On je takođe preklinjao Isusa ponovo i ponovo da ih ne šalje iz oblasti i onda je Njega preklinjao da ih šalje među svinjama. Isus nije pitao za ime zato što ga nije znao, On je pitao za ime kao sudija u saslušanju nečistog duha. Šta više, „Legeon" znači veliki broj demona koji su držali čoveka zarobljenim.

Isus je dozvolio „Legeonu" da uđu među čopor svinja, koji su srušili nasip prema jezeru i podavili se. Kada mi izbacimo demone, mi to moramo da uradimo sa Rečju istine, koja je simbolizovana vodom. Kada su ljudi videli čoveka koga ljudi nisu mogli da uzdrže sa ljudskom moći, potpuno isceljenog, kako sedi tamo, obučenog i pri zdravoj pameti, oni su počeli da se plaše.

Kako mi danas možemo da isteramo demone? Oni bi trebali da budu isterani sa imenom Isusa Hrista kroz vodu, što simbolizuje Reč, ili vatru, što simbolizuje Svetog Duha, kako bi njihova moć bila izgubljena. Ipak, pošto su demoni duhovna bića, oni će biti isterani kada se osoba koja ima moć da istera demone moli za njih. Kada pojedinac bez vere pokuša da ih istera, demoni će ga zauzvrat omalovažiti ili mu se podsmevati. Prema tome, kako bi isceliti nekoga ko je opsednut demonima, Božji čovek sa moći da ih istera mora da se moli za njega.

Međutim, obično demoni neće biti isterani kada ih Božji čovek istera u ime Isusa Hrista. To je zato što je pojedinac opsednut demonima ili hulio ili pričao protiv Svetog Duha (Jevanđelje po Mateju 12:31; Jevanđelje pšo Luki 12:10). Isceljenje ne može biti manifestovano na nekim ljudima opsednutim demonima kada promišljeno nastavljaju da greše nakon što su dobili znanje istine (Poslanica Jevrejima 10:26).

Šta više, u Poslanici Jevrejima 6:4-6 nailazimo: „Jer nije moguće one koji su jednom prosvetljeni, okusili dar nebeski, postali zajedničari Duha Svetog, i okusili dobru reč Božju, i silu onog sveta, i otpali, opet obnoviti na pokajanje, jer sami sebi nanovo raspinju i ruže Sina Božijeg."

Sada kada smo naučili o ovome, mi moramo da zaštitimo sebe kako mi nikada ne bi počinili grehove zbog kojih ne možemo dobiti oproštaje. Mi moramo takođe da se istaknemo i istini bilo da neko opsednut demonima ili ne može biti isceljen molitvama.

2. Naoružajte sebe istinom

Jednom kada su demoni iz njih izbačeni, ljudi moraju da ispune svoja srca sa životom i istinom revnosnim čitanjem Reči Božje, slavom i molitvama. Čak iako su demoni izbačeni, ako ljudi nastave da žive u grehu a nisu se naoružali sa istinom, izbačeni demoni će se vratiti i ovaj put, oni će biti praćeni demonima koji su mnogo slabiji. Zapamtite da će stanje ljudi biti mnogo gore nego kada su prvi put demoni ušli u njih.

U Jevanđelju po Mateju 12:43-45, Isus nam govori sledeće:

A kad nečisti duh iziđe iz čoveka, ide kroz bezvodna mesta tražeći pokoja, i ne nađe ga. Onda reče: „Da se vratim u dom svoj otkuda sam izišao"; i došavši nađe prazan, pometen i ukrašen. Tada otide i uzme sedam drugih duhova gorih od sebe, i ušavši žive onde; i bude potonje gore čoveku onom od prvog. Tako će biti i ovome rodu zlome.

Demone ne treba izbacivati nepažljivo. Šta više, nakon što su demoni izbačeni, prijatelji i porodica onoga koji je bio opsednut demonima treba da razumeju da ta osoba sada zahteva brigu sa većom ljubavlju nego ranije. Oni moraju da paze na njega u požrtvovanju i žrtvi i da ga zagrle sa istinom sve dok u potpunosti ne dobije isceljenje.

Sve je moguće za njega koji veruje

U Jevanđelju po Marku 9:17-27 je događaj Isusovog isceljenja sina opsednutog duhom koji mu je zarobio govor i koji je patio od epilepsije nakon što je video veru svoga oca. Hajde da detaljno objasnimo kako je sin dobio isceljenje.

1. Porodica mora da pokaže njihovu veru.

Sin u Jevanđelju po Marku 9 bio je mutav i gluv od detinjstva zbog opsednutosti demonom. On nije mogao da razume reč i bilo je nemoguće da se sa njim komunicira. Šta više, bilo je teško da se razazna kada i gde će se javiti simptomi epilepsije. Njegov otac, prema tome, je uvek živeo u strahu i agoniji, i sa svim izgubljenim nadama u životu.

Onda je otac čuo za čoveka iz Galileje koji je manifestvovao čuda u oživljavanju mrtvih i lečenju različitih vrsta bolesti. Tračak nade počeo je da budi čovekov očaj. Da su vesti bile tačne, otac je verovao, ovaj čovek iz Galileje može takođe da isceli njegovog sina. U tako velikoj sreći, čovek je doveo sina ispred Isusa i Njemu rekao: „I mnogo puta baca ga u vatru i u vodu da ga pogubi; nego ako šta možeš pomozi nam, smiluj se na nas!" (Jevanđelje po Marku 9:22)

Nakon što je čuo očev iskreni zahtev, Isus je rekao: „'Ako možeš?' Sve je moguće onome koji veruje," (stih 23) i prekorio je oca zbog njegove male vere. Otac je čuo novosti ali nije verovao u srcu. Da je otac bio svestan da je Isus bio kao Sin Božji svemoguć i sama istina, on ne bi rekao: „Ako." Kako bi naučio nas da je nemoguće udovoljiti Bogu bez vere i da je nemoguće da se dobiju odgovori bez potpune vere sa kojom jedan može da veruje, Isus je rekao: „Ako možeš?" kao što je prekorio oca zbog njegove „male vere."

Vera u osnovi može biti podeljena u dve vrste. Sa „verom mesa" ili „verom kao znanje," jedan može da veruje u ono što je video. Vrsta vere sa kojom jedan može da veruje bez da vidi je „duhovna vera," iskrena vera, „živa vera," ili „vera praćena delima." Ova vrsta vere može da stvori nešto iz ničega. Definicija „vere" u skladu sa Biblijom je: „Vera je, pak, tvrdo čekanje onog čemu se nadamo, i dokazivanje onog što ne vidimo" (Poslanica Jevrejima 11:1).

Kada ljudi pate od bolesti izlečive od strane čoveka, oni mogu biti izlečeni kako je njihova bolest spaljena vatrom Svetog Duha kada oni pokažu svoju veru i kada su ispunjeni Svetim Duhom. Ako početnik u životu vere postane bolestan, on može biti isceljen kada otvori svoje srce, sluša Reč i pokaže svoju veru. Ako stariji hrišćanin sa verom postane bolestan, on može biti isceljen kada se okrene od svojih puteva u pokajanju.

Kada ljudi pate od bolesti koje ne mogu biti izlečene medicinskom naukom, oni moraju da pokažu svoju veru koja je u skladu sa time veća. Ako stariji hrišćanin sa verom postane bolestan, on može biti isceljen kada otvori svoje srce, pokaje se razorenog srca i ponudi iskrenu molitvu. Ako neko sa malo vere ili bez vere postane bolestan, on neće biti isceljen sve dok mu nije data vera u skladu sa rastom njegove vere, dela isceljenja će biti manifestovana.

Oni koji su psihički nesposobni, čija su tela deformisana i nasledne bolesti mogu biti isceljeni Božjim čudima. Prema tome, oni moraju da pokažu predanost Bogu i veru sa kojom mogu da vole i Njemu ugode. Samo onda će Bog prepoznati njihovu veru i manifestvovaće isceljenje. Kada ljudi pokažu njihovu vatrenu veru prema Bogu-način na koji je Vartimej iskreno dozivao Isusa (Jevanđelje po Marku 10:46-52), način na koji je kapetan pokazao Isusu njegovu veliku veru (Jevanđelje po Mateju 8:5-13), i način na koji je paralizovan čovek pokazao njegovu veru i predanost (Jevanđelje po Marku 2:3-12) – Bog će im dati isceljenje.

Slično tome pošto ljudi koji su opsednuti demonom ne mogu biti isceljeni bez dela Božjeg i ne mogu da pokažu svoju veru, kako bi doneli dole isceljenje sa neba, ostali članovi njihove porodice moraju da veruju u svemogućeg Boga i da dođu ispred Njega.

2. Ljudi moraju da pokažu veru sa kojom mogu da veruju.

Otac sina koji je bio opsednut demonima u početku je bio prekoravan od Isusa zbog svoje male vere. Kada je Isus rekao sa sigurnošću: „Sve je moguće ako veruješ" (Jevanđelje po Marku 9:23) čoveku, očeve usne dale su iskreno priznanje: „Ja verujem." Međutim, njegovo verovanje bilo je ograničeno u znanju. Zbog toga je otac preklinjao Isusa: „[Pomozi] mom neverju!" (Jevanđelje po Marku 9:24) Nakon što je čuo krivicu od oca, čije je iskreno srce, iskrenu molitvu i veru Isusa znao, On je dao ocu veru sa kojom je on sada mogao da veruje.

Po istom principu, dozivanjem Boga mi možemo da dobijemo veru sa kojom mi možemo da verujemo i sa ovom vrstom vere, mi ćemo postati podobni da dobijemo odgovore na naše probleme, „nemoguće" će postati „moguće."

Jednom otac je počeo da poseduje veru sa kojom je mogao da veruje, kada je Isus naredio: „Duše nemi i gluvi! Ja ti zapovedam, izađi iz njega i više ne ulazi u njega," zli duh je napustio sina sa vriskom (Jevanđelje po Marku 9:25-27). Kako su očeve usne preklinjale za verom sa kojom bi mogao da veruje i želele su Božju intervenciju-čak i nakon što ga je Isus prekorio- Isus je manifestvovao neverovatno delo isceljenja.

Isus je čak i odgovorio i dao je potpuno isceljenje očevom sinu koji je bio opsednut duhom koji ga je zarobio u govoru, i koji je patio od epilepsije da je često padao, penio je na ustima, škrgutao zubima i postajala su mu ukočena. Onda, onima koji veruju u moć Božju sa kojom je sve moguće i koji žive po Reči Božjoj, zar neće On dozvoliti da sve ide dobro i da ih vodi da žive zdrav život?

Uskoro nakon otvaranja Manmina, mladi čovek iz provincije Gang-von (Gang-won) posetio je crkvu nakon što je čuo vesti o tome. Mladi čovek je mislio da je odano služio Bogu kao učitelj nedeljne škole i kao član hora. Međutim, zbog toga što je bio veoma ponosan i nije odbacio zlo u njegovom srcu već je umesto toga skupljao greh, mladi čovek je patio nakon što je demon ušao u njegovo nečisto srce i počeo je tamo da boravi. Delo izlečenja se manifestovalo u iskrenoj molitvi i predanosti njegovog oca. Nakon otkrivanja identiteta demona i njegovog izbacivanja sa molitvom, mladić je penio na ustima, okrenuo se na leđa i odavao je užasan miris. Nakon ovog događaja, mladićev život se obnovio i on je sebe naoružao sa istinom u Manminu. Danas, on predano služi njegovoj crkvi nazad u Gang-vonu i daje slavu Bogu tako što deli milost u svedočenju njegovog isceljenja brojnim ljudima.

Da vi počnete da razumete da je namena Božjeg dela neograničena i da je sve moguće sa njom, tako da vi kada težite u molitvama vi ćete postati ne samo blagosloveno dete Božje već i Njegov voljeni svetac čije će stvari sve ići na bolje u svim vremenima, u ime Gospoda ja se molim!

Poglavlje 7

Vera leproznog Nemana i poslušnost

2. Knjiga kraljevima 5:9-10; 14

I tako dođe Neman s konjima i kolima svojim, i stade na vratima doma Jelisijeva. A Jelisije posla k njemu i poruči: „Idi i okupaj se sedam puta u Jordanu, i ozdraviće telo tvoje, i očistićeš se." I tako siđe, i zaroni u Jordan sedam puta po rečima čoveka Božijeg, i telo njegovo posta kao u malog deteta, i očisti se.

Leprozni general Neman

Za vreme našeg života, mi se suočavamo sa problemima velikim i malim. Ponekad mi se suočavamo sa problemima koje su van ljudskih mogućnosti.

U zemlji zvanoj Aram, postojao je komandant vojske nazvan Neman. On je vodio vojsku Arama do pobede u najkritičnijem času zemlje. Neman je voleo svoju zemlju i odano je služio svome kralju. Čak iako je kralj visoko poštovao Nemana, general je bio u patnji zbog tajne koju niko drugi nije znao.

Koji je bio uzrok njegove patnje? Neman je bio u agoniji ne zato što mu je nedostajalo bogatstvo i slava. Neman se osećao bolesno i nije našao nikakvu sreću u životu zato što je imao lepru, neizlečivu bolest koju medicina tog vremena nije mogla da izleči.

Za vreme Nemanovog vremena, ljudi su patili od lepre i bili su smatrani nečistim. Oni su bili prisiljavani da žive u izolaciji van gradskih ograničenja. Nemanova patnja nepodnošljiva zato što su uporedo sa bolešću postojali i drugi problemi koji su pratili bolest. Simptomi lepre, uključujući tačke na telu, naročito na nečijem licu, spolja na rukama i nogama, na gornjem delu njegovog stopala takođe i pogoršanje u osećajima. U nekoliko slučajeva, nokti na prstima i na nogama su otpadali i ukupan nečiji izgled bi se drastično promenio.

Onda, jednog dana, Neman koji je bio pogođen neizlečivom bolešću i bez nade da nađe radost u životu čuo je dobre vesti. Po zarobljenoj devojci iz Izraela koja je služila njegovoj ženi, postojao je prorok u Samariji koji bi izlečio Nemana od njegove lepre. Pošto nije postojalo ništa što Neman ne bi uradio da dobije isceljenje, Neman je rekao njegovom kralju o njegovoj bolesti i o tome šta je čuo od njegove služavke. Nakon što je čuo da će njegov odan general biti isceljen od lepre ako ode ispred proroka Samarije, kralj je brzo pomogao Nemanu i čak je i napisao pismo kralju Izraela za Nemanovo dobro.

Neman je otišao i Izrael sa deset talanata srebra i šest hiljada sikala zlata i deset kompleta odeće i kraljevim pismom, u kojem čitamo: „Eto, kad ti dođe ova knjiga, znaj da šaljem k tebi Nemana, slugu svog, da ga oprostiš gube" (stih 6). U to vreme, Aram je bila jača nacija od Izraela. Nakon što je pročitao pismo od kralja Arama, kralj Izraela je pocepao svoje haljine i rekao je: „Jesam li ja Bog? Zašto mi ovaj šalje nekoga da mi bude izlečen od lepre? Vidi kako pokušava da započne raspravu samnom!" (stih 7)

Kada je Izraelski prorok Ilija čuo ove novosti, on je došao

ispred kralja i rekao: „Zašto si razdro haljine svoje? Neka dođe k meni, da pozna da ima prorok u Izrailju" (stih 8). Kada je Izraelski kralj poslao Nemana u Ilijevu kuću, prorok se nije sreo sa generalom već je samo rekao preko glasnika: „Idi i okupaj se sedam puta u Jordanu, i ozdraviće telo tvoje, i očistićeš se" (stih 10).

Kako je čudno bilo Nemanu, koji je otišao sa svojim konjima i kočijama do Ilijeve kuće samo da bi našao proroka a niti je dobio dobrodošlicu niti se sreo sa njim? General je postao ljut. On je mislio da ako komandat vojske zemlje jače od Izraela dođe u posetu, prorok će ga srdačno dočekati i položiti njegove ruke na njega. Umesto toga, Neman je dobio hladan doček od proroka i rečeno mu je da opere sebe u reci koja je bila manja i prljava od reke Jordan.

U besu Neman je mislio na putu prema kući, govoreći: „Gle! Ja mišljah, on će izaći k meni, i staće, i prizvaće ime GOSPODA Boga svog, i metnuti ruku svoju na mesto, i očistiti gubu." Nisu li Avana i Farfar vode u Damasku bolje od svih voda izrailjskih? Ne bih li se mogao u njima okupati i očistiti? (stih 11-12) Kako je Neman pripremao svoj put ka kući, Nemanove sluge su se bunile sa njim. „Oče, da ti je kazao prorok šta veliko, ne bi li učinio? A zašto ne bi kad ti reče: 'Okupaj se, pa ćeš se očistiti?'" (stih 13) Oni su naređivali svom gospodaru da se povinuje Ilijevim instrukcijama.

Šta se dogodilo kada se Neman umočio u reci Jordan sedam puta, kao što mu je Ilija dao instrukcije? Njegovo telo postalo je čisto kao kod mladog čoveka. Lepra koja je Nemanu zadavalo toliko mnogo agonije je bila potpuno isceljena. Kada je neizlečiva bolest od strane čoveka bila potpuno isceljena Nemanovim povinovanjem prema Božjem čoveku, general je došao počeo da prepoznaje živog Boga i Iliju, Božjeg čoveka.

Nakon što je iskusio moć živog Boga-Boga Iscelitelja leproznih- Neman se vratio kod Ilije i priznao: „Tada se vrati k čoveku Božijem sa pratnjom svojom i došao stade pred njim, i reče: 'Evo sad vidim da nema Boga nigde na zemlji do u Izrailju; nego uzmi dar od sluge svog.' Ali on reče: 'Tako da je živ Gospod, pred kojim stojim, neću uzeti.' I on navaljivaše na nj da uzme; ali on ne hte. Tada reče Neman: Kad nećeš, a ono neka se da sluzi tvom ove zemlje koliko mogu poneti dve mazge, jer sluga tvoj neće više prinositi žrtava paljenica ni drugih žrtava drugim bogovima, nego GOSPODU" i dao je slavu Bogu (2. Knjiga Kraljevima 5:15-17).

Nemanova vera i dela

Hajde sada da razmotrimo i Nemanova dela, koji je sreo Gospoda Iscelitelja i bio je izlečen od neizlečive bolesti.

1. Nemanova dobra savest

Neki ljudi spremno prihvataju i veruju u reči drugih ljudi dok sa druge strane drugi imaju nameru da bezuslovno sumnjaju i razuvere druge ljude. Zato što je Neman imao dobru savest, on nije obraćao pažnju na reči drugih ljudi već ih je ljubazno prihvatao. On je mogao da ide u Izrael, da se povinuje Ilijevim instrukcijama i da dobije isceljenje zato što on nije zanemarivao već je obratio pažnju i verovao je rečima mlade devojke koja je služila njegovoj ženi. Kada je ova mlada devojka zarobljena od Izraelaca rekla je njegovoj ženi: „O da bi moj gospodar otišao k proroku u Samariji! On bi ga oprostio od gube," (stih 5) Neman joj je poverovao. Pretpostavimo da ste vi bili na Nemanovom mestu. Šta bi vi uradili? Da li bi vi u potpunosti prihvatili njene reči?

Uprkos napredovanju moderne medicine danas, postoje

mnoge bolesti protiv kojih je medicina beskorisna. Ako bi vi rekli nekome da ste bili isceljeni od neizlečive bolesti od Boga ili da ste bili isceljeni nakon što ste primili molitvu, šta mislite koliko ljudi bi vam poverovalo? Neman je verovao u reči mlade devojke, otišao je ispred kralja za dozvolu, otišao je u Izrael i dobio je isceljenje od njegove lepre. Drugim rečima, zato što je Neman imao dobru savest, on je mogao da prihvati reči mlade devojke koja mu je propovedala jevanđelja i ponašala se u skladu sa time. Mi takođe moramo da shvatimo da kada propovedamo jevanđelje, mi možemo da dobijemo odgovore na naše probleme samo kada verujemo u propovedanje i dođemo ispred Boga na način na koji je Neman to učinio.

2. Neman je slomio svoje misli

Kada je Neman otišao u Izrael uz pomoć njegovog kralja i došao do kuće Ilije, proroka koji je mogao da isceli lepru, on je dobio hladan prijem. On je postao jasno ljut, kada Ilija koji u očima nevernog Nemana nije imao bogatstvo i socijalni status, nije dočekao odanog slugu kralja Arama, i reko Nemanu- kroz glasnike- da se opere u reci Jordan sedam puta. Neman je bio ljut zato što je bio poslat lično od kralja Arama. Šta više, Ilija čak nije ni položio njegove ruke na tačke već je umesto toga rekao Nemanu da može biti pročišćen kada sebe opere u reci koja je bila manja i prljavija od reke Jordan.

Neman je postao ljut na Iliju i na dela proroka, koje on nije mogao da razume sopstvenim razmišljanjem. On je pripremio sebe za put kući, misleći da postoje mnoge šire i čistije reke i da će biti očišćen ako se opere u bilo kojoj od njih. U tom momentu, Nemanove sluge su naredile svom gospodaru da se povinuje Ilijevim instrukcijama i da se pokvasi u reci Jordan.

Zato što je neman imao dobru savest, general nije radio po sopstvenim mislima već je umesto toga odlučio da se povinuje ilijevim instrukcijama i krenuo je ka Jordanu. Između ljudi socijalnog statusa odgovarajućeg onom nemanovom, koliko mnogo od njih bi se pokajalo i povinovalo naređenju svojih sluga ili drugih u manjim pozicijama od kojih su oni?

I mi nailazimo u Isaiji 55:8-9: „Jer misli moje nisu vaše misli, niti su vaši putevi moji putevi, veli GOSPOD. Nego koliko su nebesa više od zemlje, toliko su putevi moji viši od vaših puteva, i misli moje od vaših misli," kada mi držimo post po ljudskim mislima i teorijama, mi ne možemo da se povinujemo Reči

Božjom. Hajde da se podsetimo na kraj kralja Saula koji se nije pokorio Bogu. Kada mi prisvojimo ljudske misli i ne povinujemo se volji Boga, ovo je delo nepokoravanja, i ako ne uspemo da priznamo našu neposlušnosti, mi moramo da se setimo da će Bog nas zaboraviti i odbiće nas na način na koji je kralj Saul bio napušten od Njega.

Mi čitamo u 1. Knjizi Samuelovoj 15:22-23: „Zar su mile GOSPODU žrtve paljenice i prinosi kao kad se sluša glas NJEGOV? Gle, poslušnost je bolja od žrtve i pokornost od pretiline ovnujske. Jer je neposlušnost kao greh od čaranja, i nepokornost kao sujeverstvo i idolopoklonstvo. Odbacio si reč GOSPODNJU, zato je i On tebe odbacio da ne budeš više car." Neman je razmislio dva puta i odlučio je da uništi sopstvene misli i da prati instrukcije Ilije, Božjeg čoveka.

Na isti princip, mi moramo da se setimo da samo kada odbacimo naše nepokorno srce i pretvorimo ga u pokorno u skladu sa voljom Božjom, mi možemo da ispunimo želje u našim srcima.

3. Neman se povinovao Rečima proroka

Prateći Ilijeve instrukcije, neman je sišao dole u reku Jordan i oprao je sebe. Postojale su mnoge druge reke koje su bili bistrije i čistije od Jordan, ali Ilijeve instrukcije da ide u reku Jordan imale su duhovno značenje. Reka Jordan simbolizuje spasenje, dok voda simbolizuje Reč Božju koja pročišćuje ljude od grehova i dozvoljava im da dostignu spasenje (Jevanđelje po Jovanu 4:14). Zbog toga je Ilija hteo da Neman opere sebe u reci Jordan koja vodi do spasenja. Bez obzira koliko su šire i čistije druge reke mogle da budu, one ne vode ljude do spasenja i nemaju ništa zajedničko sa Bogom i prema tome u tim vodama Božja dela ne mogu da se otkrivaju.

Kao što nam Isus govori u Jevanđelju po Jovanu 3:5: „Zaista, zaista ti kažem: ako se ko nanovo ne rodi, ne može videti carstvo Božije," tako što je oprao sebe u reci Jordan, put je bio otvoren da Neman dobije oproštaj od njegovih grehova i spasenje i da sretne živog Boga.

Zašto je onda, Nemanu rečeno da se opere sedam puta? Broj 7 je kompletan broj koji simbolizuje savršenost. Dok mu je davao instrukcije da sebe opere sedam puta, Ilija je govorio generalu da dobije oproštaj od njegovih grehova i da u potpunosti boravi u Reči Božjoj. Samo onda volja Božja za koga je sve moguće će manifestovati dela isceljenja i izlečiće neizlečive bolesti.

Prema tome, mi učimo da je Neman dobio isceljenje od svoje lepre, protiv koje niti medicina niti čovek su bili beskorisni, zato što se povinovao prorokovoj reči. U ovom Svetom Pismu planski nam se govori: „Jer je živa reč Božija, i jaka, i oštrija od svakog mača oštrog s obe strane, i prolazi tja do rastavljanja i duše i duha, i zglavaka i mozga, i sudi mislima i pomislima srca. I nema tvari nepoznate pred Njime, nego je sve golo i otkriveno pred očima Onog kome govorimo" (Poslanica Jevrejima 4:12-13).

Neman je otišao ispred Boga kome je sve moguće, slomio je svoje misli, pokajao se i povinovao se Njegovoj volji. Kako je Neman kvasio sebe u reci Jordan sedam puta, Bog je video njegovu veru, izlečio ga je od lepre i Nemanovo telo bilo je obnovljeno i postao je čist kao mladi čovek.

Pokazujući nam običan dokaz u kome je isceljenje lepre moguće samo sa Njegovom moći, Bog nam govori da svaka neizlečiva bolest može biti isceljena kada mi Njemu udovoljavamo sa našom verom koja je praćena delima.

Neman daje slavu Bogu

Nakon što je Neman bio isceljen od njegove lepre, on se vratio kod Ilije i priznao je: „Evo sad vidim da nema Boga nigde na zemlji do u Izrailju...sluga tvoj neće više prinositi žrtava paljenica ni drugih žrtava drugim bogovima, nego GOSPODU," (stih 17) i dao je slavu Bogu.

U Jevanđelju po Luki postoji scena u kojoj su ljudi sreli Isusa i bivali su isceljeni od lepre. Ipak, samo jedan od njih se vratio kod Isusa, hvaleći Gospoda jakim glasom i bacio je sebe pod Isusovim nogama i Njemu zahvaljivao. U stihu 17-18, Isus je pitao čoveka: „Ne isceliše li se desetorica? Gde su dakle devetorica? Kako se među njima koji ne nađe da se vrati da zahvali Bogu, nego sam ovaj tuđin?" U sledećem stihu 19, On je onda rekao čoveku: „Ustani, idi; vera tvoja pomože ti." Ako mi prihvatimo moć Božju, mi moramo ne samo da dajemo slavu Bogu, da prihvatimo Isusa Hrista i da dobijemo spasenje, već takođe da živimo po Reči Božjoj.

Neman je imao ovu vrstu vere i dela sa kojima je mogao da izleči lepru, neizlečivu bolest tog vremena. On je imao dobru savest da veruje u reči mlade devojke koja je bila zarobljena. On je imao tu vrstu vere sa kojom je on pripremio dar da poseti proroka. On je pokazao dela u pokoravanju čak iako se nisu instrukcije proroka Ilije poklapale sa njegovim mislima.

Neman, nejevrejin, jednom je patio od neizlečive bolesti ali kroz njegovu bolest on je sreo živog Boga i iskusio je dela isceljenja. Svako ko dođe ispred svemogućeg Boga i pokaže svoju veru i dela će dobiti odgovore na sve njegove probleme bez obzira koliko mnogu da budu teški.

Da vi posedujete dragocenu veru, pokažete tu veru u delima, dobijete odgovore na sve vaše probleme u životu i postanete blagosloveni sveci koji daju slavu Bogu, u ime Gospoda ja se molim!

Autor:
Dr. Džerok Li

Dr. Džerok Li je rođen u Muanu, Džeonam provinciji, Republika Koreja, 1943. god. U svojim dvadesetim, Dr. Li je sedam godina patio od mnoštva neizlečivih bolesti i iščekivao smrt bez nade za oporavak. Jednog dana u proleće 1974. god, njegova sestra ga je odvela u crkvu i kad je kleknuo da se pomoli, Živi Bog ga je momentalno izlečio od svih bolesti.

Od trenutka kad je Dr. Li sreo Živog Boga kroz to divno iskustvo, on je zavoleo Boga svim svojim srcem i iskrenošću, a u 1978. god., je pozvan da bude sluga Božji. Molio se revnosno uz nebrojene molitve u postu kako bi mogao jasno da razume volju Božju, u potpunosti je ispuni i posluša sve Reč Božju. Godine1982. je osnovao Manmin centralnu crkvu u Seulu, Koreja i bezbrojna dela Božja uključujući čudesna isceljenja, znaci i čuda se dešavaju u njegovoj crkvi.

U 1986. god. Dr. Li je zareden za pastora na godišnjem Zasedanju Isusove Sungkjul crkve Koreje i četiri godine kasnije u 1990. god. njegove propovedi su počele da se emituju u Australiji, Rusiji, na Filipinima i mnogim drugim zemljama, preko Radiodifuzne kompanije Daleki Istok, Azija radiodifuzne kompanije i Vašingtonskog hrišćanskog radio sistema.

Tri godine kasnije, 1993. god., Manmin centralna crkva je izabrana za jednu od „Svetskih top 50 crkava" od strane magazina Hrišćanski svet (Christian World) (SAD), a on je primio počasni doktorat bogoslovlja od Koledža hrišćanske vere, Florida, SAD i 1996. god. iz Službe od Kingsvej teološke bogoslovije, Ajova, SAD.

Od 1993. god., dr. Li prednjači u svetskoj evangelizaciji kroz mnogo inostranih pohoda u Tanzaniji, Argentini, Los Anđelesu, Baltimoru, Havajima i Nju Jorku u Sjedinjenim Američkim Državama, Ugandi, Japanu, Pakistanu, Keniji, Filipinima, Hondurasu, Indiji, Rusiji, Nemačkoj, Peruu, Demokratskoj Republici Kongo, Izraelu i Estoniji.

U 2002-oj godini nazvan je „svetskim obnoviteljem" od strane glavnih hrišćanskih novina u Koreji zbog njegovih moćnih bogosluženja u različitim inostranim evangelističkim pohodima. Posebno tokom njegovog „Pohoda u Nju Jork 2006-te godine" koji se održao u Medison Skver Gardenu (Madison Square Garden) najpoznatijoj svetskoj areni i emitovan je za 220 nacija a na njegovom „Ujedinjenom Izraelskom pohodu" održanom u Kongresnom centru u Jerusalimu on je hrabro rekao da je Isus Mesija i Spasioc.

Njegove propovedi emitovane su za 176 nacija putem satelita uključujući GCN TV i bio je svrstan kao jedan od top 10 najuticajnijih hrišćanskih vođa 2009-e i 2010-e godine od strane popularnog Ruskog hrišćanskog časopisa U pobedu (In Victory) i nove agencije Hrišćanski telegraf (Christian Telegraph) za njegovu moćnu svešteničku službu TV emitovanja i njegove inostrane crkveno pastorske službe.

Od aprila 2014. god., Manmin Centralna Crkva ima zajednicu od preko 120.000 članova. Postoji 10 000 ogranaka crkve širom planete uključujući 56 domaćih ogranaka crkve i do sad više od 123 misionara su opunomoćena u 23 zemlje, uključujući Sjedinjene Države, Rusiju, Nemačku, Kanadu, Japan, Kinu, Francusku, Indiju, Keniju i mnoge druge.

Do datuma ovog izdanja Dr. Li je napisao 92 knjige, uključujući bestselere: Probanje Večnog Života Pre Smrti, Moj Život, Moja Vera I i II, Poruka Sa Krsta, Mera Vere, Raj I& II, Pakao i Moć Božja. Njegove knjige su prevedene na više od 76 jezika.

Njegove Hrišćanski rubrike se pojavljuju u Hankok Ilbo, JongAng dnevniku, Dong-A Ilbo, Chosun Ilbo, Munhva Ilbo, Seul Šinmunu, Kjunghjang Šinmun, Hankjoreh Šinmun, Korejski ekonomski dnevnik, Koreja glasnik, Šisa vesti, i Hrišćanskoj štampi.

Dr. Li je trenutno na čelu mnogih misionarskih organizacija i udruženja uključujući: predsedavajući, Ujedinjene svete crkve Isusa Hrista; predsednik, Manmin svetska misija; stalni predsednik, Udruženje svetske hrišćanske preporodne službe; osnivač i predsednik odbora, Globalna hrišćanska mreža (GCN); osnivač i član odbora, Mreža svetskih hrišćanskih lekara (WCDN); i osnivač i član odbora, Manmin internacionalna bogoslovija (MIS).

Druge značajne knjige istog autora

Raj I i II

Detaljna skica predivne životne okoline u kojoj rajski stanovnici uživaju i prelepi opisi različitih nivoa nebeskih kraljevstva.

Moj Život, Moja Vera I i II

Najmirisnija duhovna aroma izvučena iz života koji je cvetao sa neuporedivom ljubavlju za Boga, u sred crnih talasa, hladnih okova i najdubljeg očaja.

Probanje Večnog Života pre Smrti, Moj Život

Zavetni memoari Dr. Džeroka Lija, koji je rođen ponovo i spašen iz doline senke smrti, i koji vodi primeren Hrišćanski život.

Mera Vere

Kakvo mesto stanovanja, kruna i nagrade su spremne za vas u raju? Ova knjiga obezbeđuje mudrost i smernice za vas da izmerite vašu veru i gajite najbolju i najzreliju veru.

Pakao

Iskrena poruka celom čovečanstvu od Boga, koji ne želi da ijedna duša padne u dubine Pakla! Otkrićete nikad do sad otkriveni iskaz o okrutnoj stvarnosti Nižeg Hada i Pakla.

www.urimbooks.com

www.ingramcontent.com/pod-product-compliance
Lightning Source LLC
LaVergne TN
LVHW052048070526
838201LV00086B/5070